JN078756

気がつけば生保レディで地獄みた。

もしくは性的マイノリティの極私的物語

忍足みかん

古書みつけ

生命保険

被保険者の死亡または一定の年齢に達するまで生存したことを条件として一定の金額を支払う保険。死亡保険・生存保険・混合保険の別がある。生保。（『広辞苑』）

保険が生まれた国・イギリスでは、
「ラストラブレター」と呼ぶこともある。

プロローグ

20××年2月

——ああ、なるほど、死ねば会社に行かなくて済むもんなぁ。

東武線のホームのベンチに腰掛けつつ、数年来の疑問が解けた。その疑問とは、たびたび世間やワイドショーを騒がす過労死や過労自殺のことだ。

〈残業時間は100時間を超え、ついには身を投げて亡くなりました〉だとか、〈上司からの叱責に耐えられず自宅で首を吊り、変わり果てた姿を家族が発見しました〉だとか、滑舌よく淡々とアナウンサーが告げる事象を耳にしながら、いつも不思議だった。

なんで死んでしまうんだろう？　死ぬくらいならば、会社辞めればいいじゃん！　私ならそうするけどなぁ……と、いつも首を捻りつつ、テレビ画面に映し出された、もうこの世にはいない在りし日の故人の姿を哀れみつつ眺めた。

今ならあの疑問の答えを導く方程式がわかる。

「仕事に行きたくない」＋「仕事に行きたくない」＝、その答えは「休みたい」でも「辞めたい」でもない。休むって行為は、ヒト科ヒト属社会人においては罪で、悪で、たとえ体調不良という正当な理由を主張したとしても、いたたまれなさが切っても切り離せない。辞めたくてもヒト科ヒト属新社会人は、「3年は同じ会社で働かなくてはならない」「転職するとしても最低は3年は同じ職場にいないといい会社に転職できない」という出所のわからぬ〝三年神話〟を祀《まつ》っているので、辞められない。

だから、「仕事に行きたくない」＋「仕事に行きたくない」の模範解答は、「死にたい」である。「跡形もなく消えたい」もマル。

だって、死ねば会社に行かなくていい。

休むために謝ることも、休んで同僚へ詫びることもなく、手っ取り早く会社に行かなくって済む。

私は昨年の4月に、憧れの会社で新社会人になった。あと2か月で働き始めて1年になる。だけど、次の電車が来る3分後には死んでいる。つまり、今カップラーメンに湯を注いでいる人がいたら、その人が食事にありつくころには、もう私はこの世にいないのだ。でも、怖くはない。むしろ、胸が高鳴っている。だって、会社行かなくてもいいんだもん。

「黄色い線の内側にお下がりください」

重い尻を上げ、アナウンスを無視して黄色い生と死の境界線を踏む。死ぬんだ。死んでしまえばあとのことなんて知ったこっちゃない。ノルマ、上司、お客さん、もうどうでもいい、どうにでもなっちまえ。

「まもなく電車が参ります」

さぁ、もう、まもなく。もうすぐ止まる心臓の鼓動に合わせて、ニューイヤーのごとくカウントダウンを始める。遠くから鉄の塊の迫る音がする。今、私の脳内は仕事のことでいっぱい。そして、そこから延びる導火線に点火した感情は、ただ「死にたい」と燃えている。ほかのこと……痛みや恐怖や電車を遅延させることへの申し訳なさは、一切入る余地がない。けれど、運転手さんのトラウマになるかもしれないというのは少し悪いなと思った。

10、9、8、7………。

快速の止まらぬこの駅は利用者が少なく、周りにいるのは数名の通勤客や通学客のみ。なおかつ、スマホに夢中で頭を垂れているので、私の行動になんて気がつかない。会社に行かなくてもいい楽園まであと一歩……。

早く、そっちに行きたくて、口角は上がり、頬のあたりがぽっと熱くなって、清々しさが心の中を通り抜ける。
6、5、4、3…………。
さようなら、世界。

上司も同僚もせいぜいがんばって。さぁ、ちょうど今飛び込めば、はねてもらえる……。けれど、なぜかピタッと足が止まった。動かなくなったのだ。怖気づいたのではない。

「あ、あれ……」

1つのクエスチョンマークが頭に浮かんだ。それも職業病的なのが。

「自殺……って、死亡保険金出たっけ？」

よくドラマのワンシーンで、不況のあおりを受けた中小企業の社長が、「俺の死亡保険金で会社を救ってくれ」なんて遺書を残して首を吊ったりするけれど……現実、自殺じゃ、保険金が出なかったりする。

あれ？　ウチの会社はどうだっけ？　免責事項とかあったっけ？　と、謎が私をホームに留まらせる。そして、電車はその間に到着してしまった。誰もはねることなく。ほかの乗客は何食わぬ顔で車内に乗り込み、血も肉も飛び散っていないホームをあとにする。それは、私もだ。

反射的に、開いた扉に乗っていた。冷えた体を暖房に包まれて、ガタンゴトンと揺られながら、ふと我に返った。

——わ、私、今、何をしようとしてた？

死ぬことに占拠されていた頭の中に少しの余裕ができると、つい数分前の自分にゾッとする。そりゃぁ死ねばもう出社しなくていいし、ノルマとも戦わなくていいけれど、死んだら友だちとカラオケに行ったり、猫を撫でることもできなくなってしまう。死ぬってそういうことだ。悪いことから逃れられるけど、いいこともすべて手放さなくてはならない。

忘れてた……というよりも、わかんなくなっていた。ただただ、どうしたら仕事に行かなくていいかにしか思考が働いていなかった。仕事に行きたくない、ただ、友だちに会えないのも、猫を撫でられないのもイヤで、おそらく私はまだ死にたくない。

「そういえば」

右肩に食い込む10キロ近くある仕事用のバッグから、業務用のマニュアルを取り出す。そこには、「自殺の場合は保険金はおりない」とあった。

私をこの世に留めた謎は解けた。仕事が苦で死のうとしたのに、仕事のことで死ねなかったなんて、自分が滑稽で、少し哀れにすら思えた。

目次

※注

この作品は大変刺激の強い内容となっております。

心臓やメンタルの弱い方、一日でもこの業界に足を踏み入れたことがある方のご一読は、十分にお考えのうえ自己責任でお願いいたします。

――それではようこそ「生保業界」という戦場へ。

第1章 契約

1

私の職業は、生命保険会社の営業だ。

それも国内有数の大手である。ＣＭも目にするし、誰もが聞いたことがある社名だろう。

ところで、生命保険の営業というと、どんなイメージをもつだろうか？


ノルマが厳しそう？　女性ばかりでいじめがありそう？

家族や親戚全員保険に加入させられそう？　枕営業とかしてそう？

人に嫌われる仕事？　なんかよくわからないけれどシンプルにヤバそう？


そう、誰もが保険会社の営業というと、良いイメージをもたないし、なんだかちょっぴり身構える。仮にも大手企業なのに、ネズミ講や霊感商法の勧誘と同じ扱いを受ける。

ところが入社前、就活生だったころの世間知らずの私、すっとこどっこいガールの脳内には、保険会社に悪いイメージはなかった。そもそも、保険屋さんとかかわることがなかったため、連敗続きの就活中、大学内で開催された会社説明会の人気のない保険会社のブースを見つけたときも、保険会社？　保険って何？　病院で出す保険証のこと？　ミステリーでよく保険金殺人が起きるけれどあれのこと？　レベルだった。ちゃんと知識のあるほかの就活生がお利巧にそこを敬遠するなかで、ノコノコとそのブースに近づいていた。ブースに置かれた会社のキャラクターらしき大きい熊のぬいぐるみがかわいかったからだ。

「ハピネス………生命」

会社の名前は聞いたことがあった。保険のことはチンプンカンプンで、どんな仕事かもわからない。ただ、掲示されているポスターの「お客様の人生に寄り添うお仕事」というフレーズがなんだかステキに思えた。

「こんにちはっ」

話しかけてきたのは、とびっきりの美人さんだった。ハピネス生命の社員証を首から下げている。髪をバレリーナのように固くお団子にまとめ、くっきりとした目鼻立ちを強調させるような濃い化粧をしている。固

有名詞を出せるほどファッションモデルには詳しくないけれど、モデルさんのようだった。

「こんにちは。保険のお仕事に興味ある？」

「あ、いや、よくわかっていなくて」

「だよねぇ……もしよかったらお話だけでも聞いていかない？　あ、申し遅れました、私はハピネス生命の上条聖子《かみじょうせいこ》です」

上条さんは、私を圧倒するくらいハキハキとしゃべった。断れない性格の私は、ＮＯとはとても言い出しづらいハキハキさに押されて思わずうなずき、ブースの長机で向かい合わせに座り、説明を受けることになった。

「まず、保険って聞くとどんなイメージする？」

「あんまりよくわかってなくて」

「確かに若いとなじみないよね。あ、お名前聞いてもいい？」

「あ、はい、文学部４年の」

「みかん！」

本名を名乗ろうとした直後、生まれてこのかた、本名よりも長く呼ばれているであろうあだ名が響いた。振り向くと同じゼミの友だちが、「教授が探してたよー」と叫んでいる。「わかっ

たー」と控えめに返して、向き直ると、

「みかん？　かわいい名前。本名なの？」

と、上条さんが首を傾げた。

「あ、いえ。あだ名です。私、文学部4年の三上杏《みかみあん》です。三上の〝みか〟と、杏の〝ん〟で、〝みかん〟って、もうずっと呼ばれてるんです」

さかのぼれば幼稚園からだ。ひらがなで書かれたお名前シールの「みかみあん」の文字を見て、同じ組の誰かが「みかん」と呼んだのがきっかけで、それが小学生にもち上がり、それ以降、進級しても進学してもついてまわり、ついには大学生になった今でも呼ばれている。私を「杏ちゃん」と呼ぶ子は、友だちの中にはいないくらいだ。「あれ、みかんって本名なんだっけ」と言われるレベル。実は、好きな果物は林檎なのだけれど、骨の髄まで私はみかんちゃんなのである。

「へぇ、かわいい。私、あだ名なんてつけられたことないからうらやましいな。今の名前も旧姓もあんまりおもしろくないし」

旧姓……っていうことは、この人は結婚しているのか。年齢不詳な外見を一瞥《いちべつ》しつつ驚く。あだ名の話題で少し場が和み、そのまま仕事の説明に入ろうとすると、「あのぉ……私たちもいいですか」と、面識のない他学部の二人が恐る恐る近づいてきて、「あら、もちろん。どうぞ」と促され、私の両隣に座った。たぶん、もういくつも内定を取っていそうな雰囲気の二人は、ここが気になっていたものの先行するイメージゆえに様子を見ていたようだった。そこになんにもわかっていない私が現れて、大丈夫そうだと感じたのか、近づいてきたみたいだった。

毒見係じゃん、私。

そして、なぜそんなことがわかるかというと、

「保険会社のお仕事は、基本は2つ。新しい契約をとることと、既契約……つまりは、もう契約をしているお客さんのところに行って、アフターサービス」

「あの！　質問よろしいでしょうか」

「うん。なんでも聞いて」

「保険会社というとノルマが厳しいというイメージがあるのですが、御社もやはりノルマは厳しいのでしょうか」

「ノルマ……そうねぇ……。私は働いていてノルマがあると思ったことはないかなぁ。もちろん、オフィスにこれだけやらなくちゃいけないっていう数字はあるんだけど。それはノルマというか、目標だから」

「なるほど」

「目標があるほうががんばれるし、自分を高められるでしょう？　だから、ノルマなんてないのよ。あるのは自分をより豊かにするための目標」

「あの……私も質問いいですか。保険会社は離職率が高いと聞きますが」

保険の〝ほ〟の字もわかっていない私に対して、彼女たちはすでに質問を用意し、バンバン投げかけていく。こちらは仕事内容すらイメージできていないから、質問どころではない。あえて1つ質問をするならば、「その熊は御社のマスコットですか？　差し支えなければお名前を教えてください」だが、そんなおまぬけなこと聞ける雰囲気ではない。

そうしている間に、QとAのラリーは続く。ノルマ、給与、福利厚生……。私はそのQを聞くたびに、「やっぱり就活はこういう前へ前へ出られる人が勝つんだなぁ」と戦意を喪失してしまう。そして、Aをすべて疑うことなく飲み込んだ。「ノルマはなくてあるのは目標」、女性の働きやすさに力を入れている会社だと。

憧れはしても、自分にはきっと門を開いてくれないだろう。こういう会社は、留学やボランティアに行くような意識高い系の選ばれた人のみが入れるんだろうな。求人案内のパンフレットの表紙で、100点満点の自信に満ちた笑顔を向けている人たちが輝いて見えた。あぁ、無理だろうけれど、この会社に入って私もこんなふうになれたらいいのになぁ……。

聞きたいことを聞き終えた両隣の二人はいつの間にかいなくなっていた。取り残された私は、
この会社は私には高望みだろうと、腰を上げて一礼して立ち去ろうとした。

「三上さんは、なにかない？　聞きたいこと」

「あ、……いえ」

「もしもなにかわからないことがあれば、いつでも名刺の番号にかけてね。私、三上さんみたいなステキな子と働けたらいいなって思うから」

その言葉に、思わず上げかけた腰を下ろした。私と働けたらいいなって言った？　思わず目をパチクリさせる。不採用続きの私と？

「採用をご辞退申し上げる云々」を、三越の贈り物ばりに丁寧にオブラートで包装された、「お前はいらない」に打ちひしがれてばかりだったから、はじめて会社側からそんなことを言われたことに、鼻息が荒くなっていた。それもこんなステキな会社から。お世辞では？　と怪しむ心の余裕は、本命の最終面接で落ちたあたりになくしていた。

「私でもこんなステキな会社で働けますか」

「もちろん」

「でも、私、全然内定取れてなくて」

「それはその会社が三上さんの良さに気づいていないだけよ」

「そ、それに営業の仕事って、お客さんとたくさんしゃべるんですよね。私、口下手で」

「大丈夫。営業に必要なのって、実は話すより聞くスキルだったりするの。さっき、三上さんはほかの二人の話をしっかり聞けていたし。それに保険の知識とか営業の仕方って不安だと思うけど、ちゃんと研修があるもの」

単純な人間なので、ついさっきまで手が届かない会社と思っていたのに、上条さんの言葉を聞いているうちに、166センチの私なら、ひょいと背伸びすればその高嶺の花に指先くらいは触れられるんじゃないかという気になってきた。

「就職試験、受けてみない？　三上さんなら受かるわよ」

「はいっ」

と、もう内定をすっ飛ばして入社でもしたかのような気持ちでうなずきながら、パラパラと求人用のパンフレットをめくる。仕事の充実ぶりや、余暇で楽しむホットヨガのことが語られている。まぶしいくらいにきらめいている。この会社に入ったら、自分もこんな充実したステキな人になれるのかもしれない……。きらめく淡い憧れが叶うのならば、こんなにめでたいこ

とはない。それに、

「えっ」

福利厚生のページにあった、あるフレーズに思わず声を上げてしまった。

「ん？　どうかした？」

「あ、いえ」

ここに書いてあるのって本当に本当ですか？　そう聞きたかったが、思わず口を閉じた。そんなことを聞いたら、「どうして気になるの」と変な目で見られちゃう。ただ、私はある一文に強く強く惹きつけられ、ここで働きたい気持ちが増していた。

今まで数十社受けてきたものの、正直、なんとしてでもここでという情熱はなかった。安定した、いい会社に入れればそれでよかった。にもかかわらず、保険の〝ほ〟の字も知らないくせに、なんとしてでもハピネス生命で働きたいと心が燃えた。

その間も上条さんは、やれ私のスーツが似合っているだの、やれ髪形がいいだの、頭のてっぺんから足の指先まで私をほめちぎる。あからさまなチヤホヤであるが、そう気づけるほど内定ゼロのギリギリハートに余裕はない。クルリとした不自然なほど天を仰ぐ睫毛《まつげ》にばかり目がいって、上条さんの目が笑っていないことには気づけなかった。いいことだけを発する唇から醸される、うさん臭さをかぎ分けられるほど、23歳は大人じゃない。

「きっとステキな保険屋さんになれると思うわ。がんばってね」

そこからは、出来レースみたいに、とんとん拍子に進んでいった。人より秀でた資格も何もない。履歴書と緊張で上ずった声で受け答えする志望動機でも、一次、二次、最終の壁を突破し、夏真っ盛りのある日に、内定を手にした。

運が向いてきたのか、いくつかほかの会社の内定も取れたけれど、ハピネス生命という会社と、あの一文に心底惚れ込んでしまっていたし、内定が取れたと伝えたときに上条さんがとても喜んでくれたから、迷いはなかった。

2

内定をもらった夏から1年半。

人をひき殺さなかった電車が、職場の最寄り駅に定刻通りに着く。

人の波に押されてホームに降り立ち、当然のように改札へと向かう。その波の中には、真新しいリクルートスーツの子たちもいる。就活生だ。2学年下の子の就活は今月から始まるのだ。

君たちはいいことだけ記した求人詐欺の甘い言葉に騙されないようにねと、背中に語りかける。……騙される、なんて被害者ぶった言い方だとはわかっている。だって、入社したいと飛びついたのは、紛れもない私なのだから。

駅を降りて道なりに5分。見えてくる建物の8階。ここがハピネス生命のオフィスだ。重い扉を開けてエレベーターを待つ。私は、鞄に入れ続けている、就活時代にもらった求人用のパンフレットを取り出す。こうなりたいと憧れたスーツ姿の女性の笑顔は、今見るとどこか不自然で、なんとなく無理をしている。並ぶ福利厚生も、代えの利く働きアリを引き寄せる甘い甘い水だと、今ならわかる。ノルマはステキな目標ではなく、ただのノルマだし、大丈夫は全然大丈夫ではない。

世間的にはちゃんと負のイメージが蔓延しているのに、それを知らずに入社した私が悪い。

エレベーターが来てしまう。当たり前だ。ボタンを押したのだから。恐る恐る乗り込み、ボタンを押す。すぐに着いてしまう。大丈夫、お客様のためにもがんばろう。

「うっ、うっ、ひっく」

「なに泣いているの！　泣けば、ノルマが達成できるの！　できないよねぇ！　そんなのあなたが一番よくわかってるよねぇ！　あ、三上、遅い。こんなギリッギリに来て。契約の見込みあるんでしょうねぇ」

自分にかけた暗示は、エレベーターの扉が開いて1秒、先輩社員の蛙でもひき殺したかのような嗚咽《おえつ》音と、入社前から豹変した上条さんの怒声という最悪な二重奏によって解かれる。ああ、これ、やっぱりダメだわ……。

「ねぇ、みかんちゃん」

立ち尽くす私を、社会人になってもついてきたあだ名が呼び止める。声の主はアラフィフのベテラン社員だった。泉ピン子をイメージするといい。できたら『渡鬼』のテーマソングを流すともっといい。

「その服……なぁに」

「へ？」

「スカート、昨日と同じじゃん。ぶふふっ。化粧もへたくそすぎー。ファンデ、ムラになっててウケるわぁ」

彼女は、私の頭のてっぺんからヒールの先まで見て言う。そして、ゆっくりとどめを刺す。

「そんなんじゃ、彼氏できないよ⁈　早くしないと売れ残るよ」

保険屋という仕事に就いたことに対して、騙されたと嘆くのは被害妄想かもしれない。けれど、求人パンフレットで強く私を惹きつけた一文に関しては、騙されたと嘆いても許されるのではないか。

産休育休取得率や、孫誕生休暇、介護休暇と並んで会社の福利厚生として挙げられていたのは、「ＬＧＢＴＱ＋フレンドリー」。

私はこれに惹かれてここで働きたいと思った。ハピネス生命という社名はＣＭでも見たことがあったが、ＬＧＢＴＱ＋の大規模イベントの協賛としても目にしたことがあったのだ。

現状はまったくちがった。だから私は、自分のことも明かせずに、「彼氏いないの」「結婚出産は早いほうがいいよ」「行き遅れるよ」「早く孫の顔見せてあげなきゃ」に、日々心を殺されながらも、笑みを絶やさぬスキルを磨いている。

「今月もノルマ達成するぞー！」

「おー！」

ハチマキを巻いたオフィス長の音頭に合わせて拳を突き上げる。毎朝の朝礼は、定期的に倒れる人や過呼吸を起こす人がいる。今日のところは大丈夫そうだ。そんなことでホッとしている、私にゾッとする。

「今月ノルマ未達成……折原、風間、篠原、三上……」

ノルマが達成できていない人は、名前を読み上げられて、いたたまれなさに心が殺される。でも、身体は生きている。ここから逃れるのに、自ら命を絶ったところで保険金は1円も出ない。入社直前に入らされた保険では、私が死んだら500万が出ることになっている。それが自殺だと0円なんて、なんだか損した感じがする。というか、死ぬよりも今はタイムスリップがしたい。どこかに「ドラえもん」はいないものか。『キテレツ大百科』は落ちていないものか。私は1年前の自分に会いたい。

そして、たとえ内定をもらっていても、上条さんや内定者訪問で訪ねたオフィスの皆さんがステキでも、保険会社にだけは入社するなと諭《さと》したい。もうしんどい就活をしたくないうえに、ハピネス生命に心酔している私はなかなか首を縦に振らないだろうけれど、自分で自分の頬をビンタしてやってでも、1年前の私に「はい」と言わせてやる……。右回し蹴りで応戦されそうだな。こう見えて私は元空手部部長だ。

ポケットに入れていた携帯電話が鳴る。メールだ。発信元は別のオフィスにいる同期だった。

こっそりとデスクの下で見る。

「みかんちゃん、元気？　生きてる？　今月のノルマ、マジで無理。死にそう。入社したころに戻りたい。今度、同期で呑みたいな」

皆、荒《すさ》んでいる。メールの2行目が「生きてる？」だもん。

「生きてるよ、かろうじて。私もノルマ無理すぎて病む。また呑みたいよ」

素早く送信して入社したころに思いを馳せる。あのころだけが楽しかった。

3

ハピネス生命は4月に入社式をおこない、5月までは支社に集まり研修をおこなう。6月は支社とオフィスを行ったり来たり。保険屋として契約を取るのは7月からだ。この7月、というのには意味があるのだが、それはまた追って説明しよう。

さて、保険会社というのは勉強の連続である。それもほとんどが金融関係のやたら長い法律であったり、なんのこっちゃの相続税やら贈与税。華やかな入社式を終えて個室に集められた私たち、内定者改め新入社員（保険会社は女性の職場と言われるけれど、本当に女性ばかり。本社には少し男性もいるらしい）に配られたのは、分厚いテキストだった。

「生命保険募集人試験テキスト……」

パラパラとめくってみても何がなんだかわからない。実際に契約を取るようになるのは7月……まだ時間は今月入れて3か月もある。まぁなんとかなるのではないかと、謎の自信と新社会人になって浮かれている私は、フフンと余裕ぶった。周りの子も同じような表情をしている。

「皆さん、入社おめでとう。しかし、実はまだ君たちは正式に入社していません」

……はあ？　部長と名乗ったおじさんは、とんでもない爆弾を投げた。入社してない？　入社式もやっておいて？

「えー生命保険会社では、まず『生命保険募集人』の試験を受けてもらいます、今月末に。それに合格しないと働けません」

な……なんだって。新入社員がざわめく。隣の席に座るK－POPアイドルのようなルックスの子が、「マジで……」と青ざめる。もしその試験に落ちたらどうなってしまうんだ……まさかクビ？　辛い就活を思い出して眩暈《めまい》がする。というか、そんな試験があるならどうして入社前に受けさせてくれないの！　入社してから合格しないと正式な入社じゃないなんて困る！

「ちなみに、これは入社前は受けられない試験なので、内定者の段階では受験資格すらないんです」

部長は私の心を読んだようなことを言い、ニコリと笑った。

「でも落ちる人はほとんどいないんで。これから受験生にでもなった気分でいてくださいな」

ほとんどいない……ってことは少しはいるの？　テキストを眺める……法定相続人？　雑所得？　生命保険料控除？　剰余金？　配当金？　単語だけでもう呪文めいていてまったくわからない。これ、落ちたらどうなるんだろう……クビ？　せっかく皆に新社会人になったことを祝ってもらったのに……。

「皆さん、大丈夫ですからね」

天国から地獄に突き落とされたみたいな私たちに、ロックバンドのボーカリストみたいなハスキーボイスが響き渡る。

「毎年、新入社員は部長に脅されるけれど、真面目に勉強すれば合格できますから、がんばりましょう。あ、私、支社の研修担当です」

頼もしい言葉に少し安心するものの、やはり不安の残ったまま9時から17時すぎまでみっちりと研修する日々が始まった。新入社員というよりも、「河合塾」に入塾したのではないかと錯覚するほどホワイトボードに向かい、ノートにペンを走らせている。

「いいですか、保険の基本は相互扶助。相互は〝お互いに〟、扶助は〝助ける〟。保険に加入するたくさんの人の払う保険料が会社に集まり、そして、けがや病気で困ったらそこから支払われるという仕組みです」

基本的なことに始まり、保険料の種類。保険料の決め方、保険に関する法律、一つひとつ、学校のように説明を受ける。私は「保険」と「保健」のちがいもわかっていなかったし、「保険会社に内定もらったんだ」と知人に言うと、「今ってかけ捨てが多いの？」と問われて、かけ捨ての意味がわからずあきれられていたけれど、研修3日目あたりでかけ捨ての正体もわかった。だが、そんなの基礎中の基礎。サッカーで言うのならば、「手って使っちゃいけないんですね」と学んだレベルだ。これから先に、オフサイドやPKやらがあるように、保険も細かいことがまだまだある。

「死差益、利差益、費差益によって剰余金が発生します……あ、そろそろお昼だね。続きは午後。お弁当、外に来てるから各自取ってってね」

午前の研修が終わり、支給される弁当を受け取り、別室に移動する。研修用の部屋は、黒板を正面に机が並んでいるため、同期の個々の顔がわからないけれど、昼食で使う部屋はコの字に机が並ぶので、昼食時だけは同期の顔が見られる。それでも、早々には顔と名前は一致しない。「おはよう」とか、「問4の答えってマネーロンダリングだよね」とか必要最低限の会話はするも、仲良くなるほど脳と心に余裕がない。仲良くしたくないわけじゃない。試験が死活問題すぎて、脳に顔と名前が入るスペースすらないのだ。

通夜のように静まり返るランチタイム、ただただ口に食べ物を運ぶだけの時間。今日もそうだ。

だが、ある出来事で私たちはいっきに打ち解ける。それは、同期の一人、フワッとカールしたショートヘアの、確か名前は篠田か園田……さんが、食事中あるものをスーツのポケットから取り出したことで始まった。

あるものとは、携帯用のごま塩ふりかけ。彼女はそのふたを外し、黒と白の粉末をササッと白米とおかずの上にまんべんなくかけて食べ始めた。皆、冷静を装っていたけれど、その光景はなんだかシュールで、滑稽で。彼女が食事を終えて部屋をあとにすると、

「あはは、なにあれ。マイごま塩？」

「おかずにまでかけてたよ。どんだけ好きなの」

せき止められていた物が流れ出すように笑い始めた。陰口ではなく、ただ純粋に笑いが吹き出してしまったのだ。

「なーに？　どしたの」

と、自分が席を外している間に場が沸いていることに、部屋に戻ってきた彼女はワクワクと頬を赤く染めた。そんな彼女は、〝ごましおちゃん〟と呼ばれるようになった。私も「三上さん」と呼ばれていたのが、すぐに「みかんちゃん」と、20年近く呼ばれているあだ名がすぐに浸透した。その日を境に研修の雰囲気は和やかになった。もちろん、迫る試験に脳みそは沸騰寸前だ。

それでも、料理好きな子が手作りのマフィンを人数分焼いてきたり、息抜きに研修終わりにカラオケに行ったり、中高大と女子高育ちの私にとってはその空気はとても過ごしやすかった。

「みかん、ここわかる？」

「待って、ごましおちゃん。えーっと、110万円までが控除？　かな？」

特に、ごましおちゃんとは同期で一番仲良くなった。明るくて、ユーモラスで、なによりウマが合ったのだ。

「せっかく入社したのに、この試験に落ちたらどうしよう」

「怖いこと言わないで、落ちるって禁句」

「いや、だってさ、どうしても考えちゃうよ。落ちたらどうなるかって、会社の人は教えてくれないじゃん。どうなるんだろうね。さすがに一度入社した人をすぐクビにはしないよね。再試験か……別の部署で働くとか？　野球でも戦力外になった人が球団の職員になるとかあるし」

「みーかーん。次落ちるって言ったら罰金かフレンチクルーラーおごりの刑」

今日も研修終わりに、二人で「ミスタードーナツ」でお代わり自由のコーヒー片手に、数学や古典の試験勉強をする高校生の横で、やれ被保険者、やれ受取人と漏らしながら頭を抱えている。

「……ねぇ、ごましおちゃんはどうして保険会社で働こうと思ったの？」

「え？　なに？　なんで？」

「なんとなく」

「みかんは？　人に聞くからには教えてよ」

「私は大学主催の就職説明会にハピネス生命が来てて、それで」

「ふぅん。まぁ大手だしね、つぶれることはないし、福利厚生もあるしね」

「それにハピ郎もかわいいしっ。説明会のブースにぬいぐるみがあったんだよ」

〝ハピ郎〟とは、就職説明会のブースに置かれていたあの、熊のぬいぐるみ。ハピネス生命の公式キャラクター、ぽってりふくよかな桃色の熊のことだ。

「ねえ、ごましおちゃんは」

「えー、私はまぁなんていうか……子どものころにね、父が大病してさ、大変だったのよ。コレがさ」

コレ……のところで親指と人差し指で丸を作り、お金のハンドサインをした。

「そのとき保険屋さんにめっちゃお世話になったんだよね。コレ以外にも父の入院手術とかでメンタルやられてる母親の話し相手になってくれたり、私とも遊んでくれたり。だから、ああなりたいって思ったんだよね……って恥ずかしいな。照れちまうなぁ、もうっ」

ごましおちゃんは、バシンッと一発私の背中を照れ隠しに思い切り平手で張って、「おかわり持ってこよ」とわざとらしく席を立った。残された私は、背中のジンジンとした痛みを感じつつ感心していた。人にハピネス生命に就職が決まったと話すと、誰もが「保険屋？　やめて

おきなよ」と理由も聞かずに顔をしかめられるか、「ヤバいよ、保険屋は」と説明なく脅された。

なぜだろうと不思議だった。上条さんからや内定者研修で聞かされる仕事内容は、「困った人を助けるとてもやりがいのある仕事」だというのに、働いたこともない人がいつだって全力で否定してくる。それに少しムカついてすらいた。

だからこそ、ごましおちゃんが実際に過去に保険屋さんに助けられ、憧れ、同じ道を志したというエピソードに感動した。

「おまたせ、砂糖2つにしちった。頭、使ってるしいいよね」

「ごましおちゃん……絶対受かろうね。がんばろうね」

「え、うん、もちろん」

4

ついに試験の日を迎えた。

試験会場は、支社からほど近い結婚式などもおこなう広いホール。その一室にずらりと長机が並べられていた。会場前のシャンデリアきらめくホテルのロビーには、ナンバーワン生命、昭和山田生命、ジャパン生命……社員証をぶら下げた、鞄を持つ黒いスーツの人たちで溢れていた。別に受験のように何人が受かるという定員があるわけではなく、自分がただ100点中90点という合格ラインを超えればいいのだけれど、なぜか他の保険会社の人がライバルに思えて、チラチラと視線を送ってしまう。相手も同じらしく、何人とも目が合った。

いざ、試験開始。保険の成り立ち、歴史、種類、法律、一問一問、ひっかけにつまずかないように問題文を読み、答えをマークシートに塗る。過去問で見た問題も多く、手応えはあった。オフィスに戻ると、持ち帰った問題用紙を元に、新人教育部が模範解答を作り、自己採点する。

「やった、99点」

「すごいじゃん。私、95点」

全員が90点のボーダーを超え、なかには100点もいた。盛り上がる教室に、「おうおう、お疲れ」と、私たちを散々脅した張本人の部長が入ってくる。

「全員合格、おめでとさん。これお祝い」

その手には伊勢丹の紙袋があった。中にはなんと、高級フルーツ専門店の「千疋屋」の箱。開けると果物の乗ったイロトリドリのケーキが降臨する。合格の喜びと、もう勉強漬けから脱せる解放感でハイになっているせいか、キャーと飛びついた。

「でもまぁ、マークシートの記入が1つでもズレてたらわからんけどな」

部長の言葉は無視してケーキを選ぶ。私は苺のケーキにした。赤い表面をソッとプラスチック製のスプーンで崩してみると、苺クリームとチョコの甘味、外側の赤のラズベリーソースの上品な酸っぱさが口に広がる。選ばなかったケーキの味も気になり、周りの子と、「ひと口頂戴」と、ひと口ずつ交換する。どれも格別に美味しい。千疋屋だからではなく、合格して食べる勝利の味だからだろう。

そして、それから数日後、正式な合格発表があった。

結果はもちろん全員合格。晴れて私たちは生命保険募集人の資格を手にし、ハピネス生命に正式に迎えられたのだ。合格と共に渡されたのが資格証。これは車の免許やマイナンバーのように顔写真付きで、まぁなんともいえない顔をしている。それもそのはず、これは試験前日に、「受かっても受からなくても撮る」という不吉な前置きのもと、シャッターを切られたからだ。どことなく不安そうな暗い表情。どうせなら合格してから撮影してほしかった。この死相浮かんだ顔の資格証をぶら下げて、私はこれから仕事をする。

5

4月は保険業界全体の研修だった。5月になると、ハピネス生命の商品に焦点をあてて、実践的な研修になっていく。

たとえば、商品の知識。今の主力商品はもちろん、過去の主力商品も覚える。それはお客様の入っている保険が今の主力とは限らない。10年、20年前の主力商品に入り続けている人もいるから、商品名を見ただけで保障内容がわからなくてはいけない。

それから仕事用のパソコンも配られた。パソコンといってもノートパソコンではなく、立てかけられるタブレット端末に近い。名前は「ハピノート」。商品についての情報や、担当するお客様の情報も見られて、基本的には保険の申し込みも紙や印鑑は不要で（一部いる商品もあるけれど）、ハピノートでおこなうという。覚えることがたくさんだ。

ただ、試験前の必死さは薄れ、同期の仲が深まったせいもあって、不思議と大変さはなかった。

それどころか、高校時代に戻ったみたいに、休み時間にはお菓子を食べ、くだらない話で馬鹿みたいに笑い、研修終わりに近くのデパートに行って〝北海道物産展〟の試食を食べ尽くした。ふいに、ショーウインドウに映る自分のスーツハイヒール姿に、「ん？　どうしてこんな姿なんだ？」と首を傾げて、ハッと我に返るほど。社会人になるからと引き締めたはずの心は、17歳くらいまで戻っている。研修中も給与が出る身だというのに。

「もう、ずっと研修でいいのに」

「来月には支社研修とオフィス勤務半々になって、7月にはもう支社に来なくなるなんて信じられない」

「ちゃんと契約取れるかなぁ。怖いよ」

同期とはそんな話ばかりしている。会社から弁当が支給されるのは4月いっぱいまで、5月からは自作の弁当を持ってきたり、コンビニで買ったり、たまに外のファミレスに食べに行ったりした。とにかくランチどきの話題は、それぱかり。私たちが女子高生気分の延長を味わえるのはあとわずかで、もうすぐ全員それぞれの配属先にバラバラになる。1、2年目の新人層が数か月に一度集まる研修はあるというが、雑談やバカ話はもうできない気がした。迫る同期との別れがとにかく寂しい。ちゃんと働けるかという不安よりも心を占めている。

あっという間に月日は流れた。

5月後半にもなると、支社の研修室には、配属先のオフィスの新人担当やオフィス長が顔を覗かせるようになった。私の場合は上条さんである。彼女はいつ会っても隙がなく、美しく、花の匂いをまとっている。

「もう三上さんのデスク用意したからね。優しい先輩たちも待ってるから」

激励だというマドレーヌを差し出しながら笑った。

「不安？　でも大丈夫だよ。とりあえず今は、ハピノートの使い方とロープレしっかりね」

そして、颯爽と帰っていく。多忙な上条さんは、ほかの新人担当さんよりも圧倒的に滞在時間は短いにもかかわらず、存在感がある。

ほかの新人担当さんたちはいつも上条さんを見て、「わぁ、上条聖子だ」と芸能人でも見るような反応をする。聞いた話だと、上条さんはかなりのやり手だと言う。誰もできない営業成績を新人のうちからやり遂げて、異例の速さで大出世をしているのだとか。ハピネス生命の中で一目置かれる存在。そんなすごい人のもとで、しっかりやっていけるのだろうか。機械音痴なのでハピノートの使い方もおぼつかない。

一番の問題は「ロープレ」だ。ロープレというのは、今、ハピネス生命が最も力を入れている実践的な研修で、最近は朝から夕方までずっとこれをやっている。ロープレはロールプレイングの略で、つまり、お客さん役と営業役になって保険の説明や契約を取る練習をする、いわば即興の寸劇だ。そして、その寸劇はいつだって夫婦や子どもがいることが絶対条件だ。

「俺は大黒柱だから病気になったら困るだろう。だからもしものときに、嫁や子どもに面倒かけねぇように手厚い保険がいいんだ。それに俺たち、いずれマイホームも欲しいから」

旦那役の子は低い声を出し、足を開いて腕を組み、さながら庶民的なタカラジェンヌだ。

「そうなのよ。もちろんＩＨのキッチンで、彼と愛する子どものために美味しい料理を作ってあげたいの」

妻役の子は料理や洗濯といった家事の話をする。

「えっと……では、こちらの日帰り入院でもお金が出る商品がおすすめです。がんと診断されましたら、ええっと、一時金も出ますので」

私はというと、顔を引きつらせながらも営業役を全うしようとするものの、「三上さん。『えー』って言いすぎ。表情硬すぎ」と研修の先生に途中でストップをかけられてしまう。

「ちょっとぎこちないよ」「うん、なんかめちゃくちゃ緊張してるの伝わってきて、こっちも構えちゃう」と、同期にも言われる始末だ。いや、確かに演技みたいなものは、こっぱずかしくて正直苦手だ。ただそれだけじゃない。だってロープレに出てくる人生は、結婚して、子どもを産むことが大前提で話が進むんだもん。独身の人相手っていうシチュエーションでやるときも、将来結婚して子どもが……が当然のようについてくるもんだから。モヤッとする。

それはロープレだけじゃない。

ロープレと同じくらい繰り返しやるのが、「生涯設計」だ。これはハピノートに生年月日、性別を入力するだけで、あら不思議、平均的な自分の将来設計とその人生にかかるお金が表示される。自分の年齢と性別「23歳、女性」を入力して画面上の「結果をみる」を指の腹でぐっと押してみれば……。

28歳－結婚
30歳－第一子出産
33歳－第二子出産
37歳－住宅ローンを組みマイホーム購入

子どもが成長し、下の子どもも無事大学を卒業すると、だいたい50半ばで親の介護が始まり、親を見送ると旦那と余暇を過ごし、ゆくゆくは老人ホームに入る。そんないわゆる〝フツウ〟

の、自分の意思に反して表示される人生にゾッとする。設定を変えることもできる。

子どもを二人から一人にするか、三人にするか、子どもの学校を私立にするか公立にするか、マイホームはローンか一括か、マイホームは買わずにマンションか、それは賃貸か分譲かくらいで、結婚しない、子どもは産まないという人生の選択肢はないのだ。

なんて窮屈なんだろう。けれど、同期の誰もが違和感や嫌悪感を感じていない。彼氏がいない子でも、なんとなくいずれ結婚して子どもを産むもんだとぼんやり思い描いている。私とは……ちがう。急に自分が異物のように思える。そう、たぶんこの中でこの会社がＬＧＢＴＱ＋フレンドリー企業だと知っているのも私くらいではないか。それがこの会社に入社した志望動機の１つなんて、全国探しても私だけかもしれない。

支社には、障がい者雇用として、足が不自由な人や生まれながらにハンデのある人がいるし、支社のあちこちに、「どんな人でも過ごしやすい社会作りに取り組んでいます」というポスターが貼ってある。そんな会社で私は、「結婚して子どもを産み、女は家事をして男を支える」大前提のロールプレイングをおこなっている。

試しにハピノートの入力に少し抵抗してみた。本人と配偶者の両方の性別を「女」にする。エラーで進めない。エラー。エラーなのか。そんな画面を覗き込んだ同期は、「ちょっとレズになってるよ、ウケる」と笑う。

「ねぇ。みかん。今日お茶して帰ろうよ。もうすぐバラバラになっちゃうわけだしさぁ」

「あー、ごめん。今日行くとこあってさ。必ず埋め合わせするから」

「なぁに、彼氏？」

「ちがうって」

憧れの会社、憧れの仕事。けれど、どうしても積み重なる多数派と私のズレ。ストレスが溜まる。

そんなとき、私はある場所へと向かう。下町の駅を降りて広がる古い商店街、個人経営の八百屋や魚屋を横目に真っすぐ歩いて、路地へ入ると現れる。

ミックスカフェバー「ＱＫＪ」。これで「休憩所」と読ませる。老夫婦でも住んでいそうな小さな古民家の扉を開けると、バーカウンターに3席の小さなテーブル席がある。

「みかんちゃん。いらっしゃい」

バーカウンターから声をかけてくれるのは、店主の弥生《やよい》さん。ポッテリとした唇でニコリと微笑み、「いつものね」とジンジャーエールを出してくれる。

「仕事は、どう？」

「うーん、普通」

「楽しそうじゃないね」

「だって……LGBTQ＋フレンドリー企業なのが入社したいと思ったきっかけの1つなのに、なんだかんだ結婚、子ども、マイホームみたいな話ばっかりで萎《な》える」

「そんなもんよ。今、LGBTQ＋自体が、言い方はおかしいけどブームみたいなところがあるじゃない。だからとりあえず大きな企業は乗っかっとくのよ。自分たちはマイノリティにも優しいですってPRしたいのよ」

「そんなもんなのかな」

「でも掲げてないより、掲げてるほうがいいじゃない。これからきっと、いろいろいい方向に向かっていくはずよ」

ミックスカフェ＆バー……とは、読んで字のごとく、性別や性的嗜好問わず誰もが入れるお店のことだ。たとえば、ゲイバーだと基本的には男性しか入れない。それがミックスとなると、

ゲイも、レズビアンも、もちろん〝ノンケ〟と呼ばれる異性愛者も、FTM（心は男性で体は女性）やMTF（心は女性で体は男性）も、すべての人に扉が開かれている。ここでは、外の世界に張り巡らされた性別という見えない圧力に括られず、誰もが自分らしく笑える。男だとか、女だとかよりも、自分が自分でいられることが尊重される場所。その証拠に店のあちこちに飾られた、ここで撮られた写真は皆、最高にいい顔をしている。

「それにしてもみかんちゃんも通ってくれて長いよね」

「大学生のころからだから……3年かな」

「2丁目は行かないの？　ビアンバーもあるでしょ」

「無理、夜の新宿なんて怖いもん。それに下町生まれ下町育ちだからここが好き」

「確かに夜の新宿は陰キャにはきつそうだな」

「弥生さんには感謝してるよ、LGBTQ＋関連の店って、どうしても夜の新宿メインでなかなか踏み込めないから。下町にこういう居場所をオープンしてくれて」

「うち、そういうお客さん多いんだよなぁ、新宿苦手とか、2丁目はハードル高いって人。あとは距離的に新宿遠いっていう千葉、埼玉、茨城の人とかね」

「セクシャルマイノリティ＝2丁目ってイメージだけど、2丁目が苦手なセクマイもいるんだよなぁ、少数派の中の少数派ってやつかな」

「多数少数関係ないよ。どこであろうと楽しく過ごせるのが一番」

「QKJ」との出会いは、20歳のときだった。成人したからと意気込んで繰り出した2丁目になじめず、どこかに私がいてもいい場所はないか？　とさまよったパソコン画面の中でここを見つけ、恐る恐る……けれども、勇気を出して扉を開けたのだった。

QKJは、弥生さんがもともとお母さんが外国人で、お父さんが日本人の出自であるがゆえに、外見が「皆とちがう」といじめられた幼少期を送ったことから、「人とちがうことを悩んでいる人のための居場所」としてオープンさせた。気がつけばLGBTQ＋の客が多く集い、ミックスカフェバーを掲げていた。ちなみに、弥生さん自身は異性愛者である。

QKJでは、人とちがうことに指をさしたりしない。外の世界では、人とちがうことは「変」と指さされるが、ここではちがうことを誰も気にも留めない。LGBTQ＋だけでなく、障がいのある人、特殊な仕事につく人など、とにかくいろいろな人が来店して、一息つく休憩所なのだ。

「でもさぁ、2丁目に行ったほうが出会いがあるのはわかってるんだよなぁ、行けないけど」

「若いんだし、なにか浮いた話ないの？」

「ないない」

「好きになる分母が多いんだからチャンスは多いじゃん」

「好きになれる人は多くても、相手が私を好きになってくれなきゃ始まらないよ。需要と供給」

さて、LGBTQ+フレンドリーだからと就職先を決めた私は、中高大と女子校育ちで女の子に淡い恋心を抱き、空き教室で唇が重なるのと同時に2つの乳房もソッと重なるような思春期を送っていた。一方、女の子に胸を高鳴らせつつも、男性アイドルのファンでもあり、アイドル雑誌の切り抜きを集めたりもしていた。

私はレズビアン？　バイセクシャル？

自分が何者かもわからない。

女子高は、バスケ部のボーイッシュ女子が下級生から王子様のように人気があり、黄色い声援を浴び、なんなら女の子同士で付き合っている子もいた。AKB48もミュージックビデオでメンバー同士でチュッと唇重ねてはにかむから、私は自分をそこまで問題視していなかった。

大学生になると状況は一変した。

高校付属の女子大だから学び舎やメンツは変われど、女子高特有の下ネタ交じりのジョークで笑い転げ、ヲタク話で盛り上がる日々が続くとばかり思っていた。現実は、ＪＫからＪＤへの変貌は凄まじかった。

授業より合コン。レポートよりも彼氏。教室でクルンと睫毛《まつげ》を天に仰がせ、ヘアアイロンで髪を巻き、男漁りに浮足立っている。数合わせ&引き立て役で、私も声をかけられることがあった。興味がないと断ろうもんならば、「レズじゃないの？」と囁かれ、行ったら行ったで飲み屋のテーブルでは頭の頂からつま先まで、女らしさとヤレそうかの品定めを受け、女子トイレではイケメンを奪い合い、せめぎ合い牽制《けんせい》の火花に火傷する。

それが大学生のマジョリティ。

高校時代の友人が恋しく、久しぶりに再会してみれば、「彼氏ができたの」と先制ジャブ、「私、高2のころ、○○ちゃんのこと好きだったの。黒歴史だよねぇ」と、ＫＯされる。

かつての女子校のバスケ部王子様は、今や髪を茶色に染め、セミロングに伸ばし、ばっちりメイク、スタバ店員の彼氏がいるとの噂だ。ファンの下級生が聞いたら卒倒するだろうか？　彼女たちももう醒めているだろうか？　メンバー同士でキスをしていたＡＫＢ48だって、俳優や実業家と結婚し、今やママタレントだ。

皆が過去を嘲笑《あざわら》い、普通になっていくなかで、私は一人ポツンと二手に分かれた分岐点に佇んでいる。うれしいと感じたことを一番に伝えたいと思え、互いの寂しさに寄り添えるような恋人は、いたらいいとは思う。

世間一般にその相手は、異性とされるが、女であれど、私が惹かれるのは男性だけではない。だからといって女性じゃないとダメなわけでもない。多数派の道を行けば後ろ指をさされることはないかもしれないけれど、女の人に胸を高鳴らせる茨の道も手放せない。加えてバイト先にいる、心は男性、体は女性のＦＴＭの方をステキだなと思う私もいて、自分で自分がわからない。

「パンセクシャルなのかもしれないね」

今まで自分の性的思考の悩みについて誰にも打ち明けたことはなかった。打ち明ける相手もいなかった。ＱＫＪに初めて来たとき、ゲイの男性の恋愛相談にも真摯に耳を傾けアドバイスする弥生さんの姿に、この人ならば……と思い切って相談すると、そんな答えが返ってきた。

「パンセクシャル？」

「女性を好きになる女性がレズビアン、女性も男性も好きになるのがバイセクシャル。でもね、女性も男性もトランスジェンダーでも、性別っていう括り関係なく、その人そのものを好きなセクシャリティのことだよ。別に無理してセクシャリティを決めなくてもいいと思うからまぁ、参考までに。私もまだまだ勉強中だし」
　そう言われてなんとなく腑に落ちた。性別という括り関係なく、その人そのものを好きにな
る……という響きもなんだかステキだった。
「誰を好きになっても、誰かを好きにならなくても、とにかく自分が幸せなら私はそれでいい
と思うんだ」
　そうかっこよく言ってのける弥生さんには、恋をするたびに相談をしている。その相手は女
性だったり、ＦＴＭだったりする。いつも的確なアドバイスをくれるから彼女には頭が上がら
ない。
「でもさぁ、保険会社って大丈夫なの？」
「え？」
「ブラックだって聞くじゃん」
「えー、全然そんなことないよ。みんな優しいよ」
「そう？　ならいいけれど……」
　ジンジャーエールを啜りながら、「心配しすぎだよ」と保護者のように心配してくれる彼女
を笑い飛ばす。余裕かましている私を嘲笑するように、炭酸がパチパチと口の中と喉で弾けな

がら胃へと流れていった。

6

6月からは、週5日のうち3日は配属先のオフィスへ、そして2日は支社の研修室というかたちになった。

支社から6駅先にある配属先は、支社の管轄の中でも、営業成績がかなり良いと聞かされていた。今までに行ったのは数回……それも内定者という、いわばゲスト的な立場だった。社員として行くのは初となる。慣れないヒールでよろけそうになりつつ、道のりを急いだ。

オフィスの中はなんとなく学校に似ている。視聴覚室とか、そういう感じだ。ビルのワンフロアにある扉を開けると、入ってすぐにオフィス長と新人育成担当のデスクが並んで2つある。その後ろにはホワイトボード。そして、学校で給食を食べるときのように5、6脚の机がくっついてできた島が4つ並んでいる。デスクの上といえば、いろいろなものが置いてあるイメージだが、机の上には何も乗っていない。個人情報も扱うため、荷物はすべて引き出しの中に入れると聞いた。壁にはズラリと社員の苗字と営業成績が貼ってある。これには少しビビッてしまう。壁だけではない、天井からも「1000万実働」「SJ達成目標」という謎の単語が並んでいる。

オフィスの奥には、ロッカーや備品置き場、要塞みたいに四方を棚に囲まれた中に机が2つ……ここは内勤さん、つまりは事務職員さんの席だという。

「おはよう、三上さん」

「お、おはようございますっ」

入り口で突っ立っていると、このオフィスをまとめる轟《とどろき》純子《じゅんこ》オフィス長がズンズンと近づいてくる。まるで往年の女子プロレスラーのような出立《いでた》ちで、スーツにヒールよりも、ジャージに運動靴のほうが似合いそうな感じだ。骨太で、短髪はクルクルとパンチパーマのごとくうねっている。

「いよいよだね。でもまぁそんな緊張しないで。あと、朝礼で自己紹介と挨拶してもらうから頼むね」

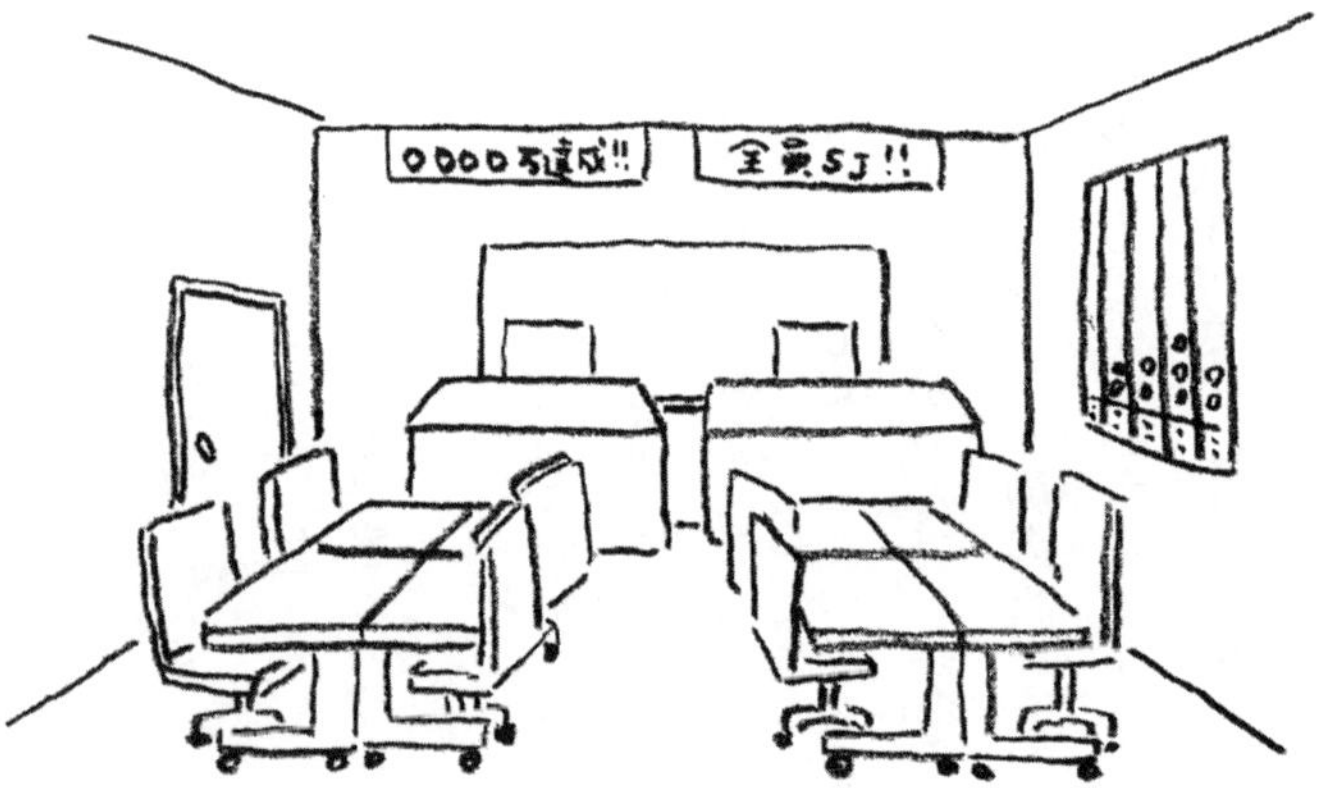

「は、はい」

「もう固くなりすぎだって、大丈夫。別に取って食おうってわけじゃないんだからさぁ」

オフィス長の声はとても大きく、私と話しているはずなのにオフィス中に声が響き渡り、デスクで仕事の準備をしていた人たちがチラリとこちらを見る。オフィスに来たのはまだ数回だし、そのときはとても緊張していたから、正直ほかの社員の人は顔と名前がまだ一致しない。どの人も皆、大人！　という感じだ。私も、そりゃ酒も飲めるし年齢だけ見れば大人ではあるが、こんな落ち着きは兼ね備えていない。大丈夫だろうか。ちゃんと働けるのだろうか。黙々とハピノートを見つめて、何かの資料に目を通す先輩社員の姿は、別世界の住人のように見えた。

「……あ」

オフィス内にいる人たちは30代後半から、なかには孫がいそうな年齢の人もいるけれど、近くのデスクで年齢が近そうな人と目が合った。彼女は小さく手を振ってくれている。淡い茶色の髪はゆるやかなウェーブがかかり、優しい桃色のカーディガンをまとっている。とてもかわいらしく柔らかな人。思わず手を振り返した。

「三上さん」

「あ、上条さん」

どこからか現れた見慣れた顔にホッとする。だが、上条さんの雰囲気はいつもとちがう。メイク？　が少し濃いのか……？　いや、そんな単純なことじゃない気がする。なんというか、張りつめているのだ。

「先輩に手なんか振っちゃダメでしょ」

「あ、す、すみません」

「それと、もう上条さんって呼んじゃダメだからね」

「え？　じゃあ、なんて呼べば……」

「上条マスターね」

マスター？　なんだかカンフー映画みたいだなと思いつつ、皆が上条さんのことをマスターと呼んでいるので、〝郷に入っては郷に従え〟のことわざの通り、私は「はい、マスター」と口にした。カンフーでも習いに来た気分がした。

「じゃあ、そこが三上さんのデスクね、もう朝礼始まるから」

上条さ……いや、マスターのデスクの目の前にある島の１つの机が指さされ、そこに座る。向かいはさっき手を振ってくれた人だった。

「ごめん、マスターに怒られちゃったね」

「あ、いえ……こちらこそすみません」

「私、有村こはる。2年目なんだ。年齢近い人いないし、仲良くしてね、みかんちゃん」

「……え？」

「ん？　なぁに」

「あ、いえ、みかん……って私のあだ名のことどうして」

「入社前にオフィスに遊びに来たときに話してたよ。三上杏さんだからみかんちゃん……って、ずっと呼ばれてるんでしょう？　覚えてるよ、かわいいなって思ったもん、私も、みかんちゃんって呼んでいい？」

「あ、はい、もちろんです」

以前、そんな話をしただろうか……したような気もするけれど緊張していて記憶にない。

その慣れ親しんだ呼び方で呼ばれると少し落ち着いた。それにしても幼稚園に始まり、社会人でも呼ばれるとは、おそらくこのあだ名は一生物かもしれない。みかんバアちゃんと老人ホームで呼ばれる姿が一瞬頭をよぎった。

「あら、ぜひ私とも仲良くして欲しいなぁ。若い子の英気吸い取らせてよ」

隣から甲高い声を上げたのは40代半ばくらいの、長髪を一本にキュッとまとめた、まるで観光地にある似顔絵屋さんが描くデフォルメされた口のように大きくニカッと笑う人だった。

「ども、宮本ルミです。このオフィスのアイドルなんで、よろちくび」

「よろしくお願い……」

「あ、それじゃダメダメ。ここのオフィスは全員よろしくは、よろちくびって言うの」

「えええ！」

戸惑いいつつも女性だけの職場ゆえになんとなく女子校の懐かしいノリを感じた。高校生のころ、花の17歳でもスカートめくりが横行し、エロ本が回し読みされていたっけなぁ。

「ちょっと、ルミ。下ネタで新人困らすなよ」

ルミさんの前にいるのは、襟足をクルクルと外に跳ねさせたヘアスタイル……どこか俳優の小沢真珠を思い出すきつめの顔立ちの美人だ。

「私、緒方みどり。よろしく新人さん。くれぐれもウチのチームの数字の足引っ張らないようにね」

ちくりと睨みつけるような一瞥《いちべつ》に、思わず身構えてしまう。

「ちょっと、緒方さん、キツイですってばぁー。この子、今日が初日なんですし」

「そ、そうですよ。これから一緒にやってくのにそんな言い方は」

「年数重ねてるわりに契約重ねられないルミと、1年たっても戦力にならない有村に言われたくない。ていうか、あだ名で呼ぶとかなに？　ここ職場でしょ？　遊び場なの？　仲良しごっこして契約取れるの？　くだらない」

「こらこら、新人さんを怖がらせるのはよくないぞ、みどりちゃん。ごめんねぇ、びっくりしたよねぇ」

ルミさんの隣で優しそうな、おっとりとした……往年のアイドルが年を重ねて良いお母さん役の俳優になったような……そんな雰囲気をもつ50代くらいの女性がニッコリと微笑む。

「私はこの村上チームのリーダーの村上絵里子《むらかみえりこ》です。まだまだわからないことも、覚えることもたくさんあるだろうから、いつでも声かけてね。仲良くやっていこうね」

「は、はいっ！　ありがとうございます」

「だから、仲良しごっこじゃ契約上げられないと思いますよ、リーダー。今月もうちのチーム最下位くらいですよ。悔しくないんですか」

オフィスにあるこの島はすべてチームごとに固まっている。ここには東雲チーム、大河内チーム、二宮チーム、そして村上チームと4つのチームがあって、それぞれオフィス内で営業成績の数字を競っているという。壁を見ると個人の営業成績だけでなく、チームごとの営業成績も貼り出されていて村上チームは一番下にあった。

「でもね、仲良くやるにこしたことはないわよ。助け合ってこそのチームだからねぇ」

ほんわかオーラに言いくるめられ、バツが悪そうに緒方さんはそっぽを向いた。

「あ、ねぇねぇ、私もみかんちゃんって呼んでもいいかしら。かわいいあだ名ねぇ」

「は、はい」

「わぁ、うれしい。私、息子しかいないから娘みたいな若い女の子と仲良くできてうれしいなぁ」

「リーダー！　ルミも若いですよ」

「ルミちゃんは若くはないかなぁ」

和やかな雰囲気に安堵する。

「朝礼を始めます。全員起立」

9時15分になるとマスターが声を上げ、全員が立ち上がる。学校のホームルームみたいと感じたのも束の間、すぐに学校のホームルームでは絶対におこなわれないであろう、昨日の営業成績の発表が始まる。

「村上チーム、村上絵里子、生保販売1件、752万、今月2件実働です。続いて東雲《しののめ》チーム、東雲親子で医療保険231万を5件職域での契約です。続きまして」

言葉の意味はよくわからない。けれど、名前と営業成績を読み上げられるとパッと拍手喝采が起き、名前を呼ばれた人はスッと頭を下げるから、私もとりあえず手を叩いた。それくらいはできる。

「あの二人って親子なんだよ」

ルミさんがソッと耳打ちする。その視線の先には、さっき東雲親子と呼ばれていた60代くらいのマダムっぽい人と、30代半ばくらいのお淑《しと》やかそうな人の姿があった。

「え、親子……！」

「そー。うちのオフィスの勤続30年の女王、東雲千恵子《しののめちえこ》と、娘の千鶴《ちづる》。本当の親子。そんで千鶴ちゃんの前にいるのが義理の娘のみなみちゃん」

「義理の娘……お嫁さんってことですか」

「イケメン息子の嫁。ちなみに息子も隣町のオフィスにいるよ、同じ管轄だからそのうち見かけることもあるかも。」

「……華麗なる一族って感じですね」

「こら、ルミさん。契約も上げてないのに無駄話しない」

オフィス長の一言でルミさんの大きな口はピシャリと閉じられるけれど。まだ話したげな目でこちらを見ていた。

「じゃあ今日からオフィス勤務になった新人さんに自己紹介してもらおうかしら。三上杏さん。前へどうぞ」

怒っていた声とは打って変わった猫撫で声で私は皆の前に呼ばれる。視線が私の体にプスプス刺さる。転校したことはないけれど、転校生の気分だ。

「恵須徳大出身の三上杏です。大学の合同説明会で上条さ……マスターにお声かけいただいてハピネス生命に入社しました。まだまだ不慣れなことも多いですが、どうぞよろしくお願いします」

ほかに言うことが思いつかず、とりあえずそれだけ言って頭を下げ、拍手を受けて席に戻ろうとするけれど、

「なにか目標とかも言おうよ」

そうオフィス長に呼び止められる。

「も、目標」

成績のことについては、最近ようやく研修があった。契約もただ1件取ればいいというわけではない。理想は毎月2件できれば及第点。でも及第点以上がやはり求められる。そこから先にあるノルマは、「NJ（ノーマル実働）」、「SJ（スーパー実働）」と呼ばれる。2件契約を取るという及第点は、1年目の新人も勤続30年も変わらない。一方、SJとNJは勤続年数や今まで積み上げてきた成績によって異なる。勤続年数が長いほど、超えるべきハードルは高くなる。1年目のNJは2件の大きな契約で済むものの、勤続年数が経った人は4件も5件も取らないとSJにはなれない。

なおかつ、ひと口に契約と言っても大きさがちがう。医療保障や年金保障は契約としては小さい。やはり大きいのは、何千万の死亡保障がついているような契約だ。小さな契約をコツコツ積み上げるのもいいけれど、大きな契約をドカンと上げるほうがオフィスにも、チームにも貢献できるし、自分の給与にも還元される。

「ええっと」

支社で聞いたのは、新人のうちはベテランよりもずっとハードルが低いのだからNJが基本と言われたけれども、私はそもそも契約が取れるかどうかが不安だ。2件のNJなんて高望み、

ＳＪなんて夢のまた夢では。

「け、契約が取れるようにがんばります」

小さくガッツポーズを決めて言ってみる。

「毎月ＳＪでしょ」

上条マスターが、ささやき女将のごとく、ささやく。そして、そう言いなさいと表情で訴える。ＳＪ達成するには3件の大口契約が必要だ。できるだろうか、そんなこと。そして、まだ1件も取ってもいないくせに、そんな大口叩いていいのだろうか。

「……毎月ＳＪ、だろ」

語尾が変わった。

もう一度、恐る恐る振り返る。上条聖子という人は、もしかしてこの会社に二人いるのだろうか。就活生や内定者として接してきた上条さんと、社会人になってからかかわる上条マスター、ちがう人……、双子？　あるいは二重人格かもしれない。

「……ＳＪ……だ、ろ！」

「え、ＳＪ、毎月やりましゅっ」

噛んでしまった。だって、もう振り向かずとも圧が押してくるんだもん。それにあれよね、言うだけならタダだしね。とんでもないことを口走ってしまった、ということを私はまだ知らない。

7

まだ契約を取らないオフィス勤務1か月目の私の主な仕事は、【定期点検】【担当地区へのチラシ配り】【街頭アンケート】【ハピフレ】だ。

定期点検とは、既契約のお客様を回り、給付金の請求漏れがないかを確認……しつつ、今加入している保険が古ければ新しいものへの切り替えを勧め、また、入っていない商品を勧めたり、家族で保険に入りたい人がいないかを探る。なんなら、給付金の請求漏れの確認なんてのは立前で、後者がメインかもしれない。

80、90代の、今から新しい保険には加入できない年代のお客様のところに行くとき、「この年代じゃもう入れないな」と保険商品のパンフレットを持たずに出かけようとすると、ぬかりない先輩たちが、「子どもや孫もいるかもだから、学資保険のパンフ持ってきな」、「提携してる損保会社のケガの保険よー。90歳まで入れるからぁ」と、なんだかんだ言って鞄はパンパンになる。

「お客さんに会うっていうのは、金脈を掘りに行くようなものよ、そこから契約にどうつながるかなんてわからないんだからね」

これが上条マスターの口癖である。

「常にアンテナ張ってなくちゃダメよ。ビンビンにね。私、90歳の人からケガの保険もらったことあるし、92歳からひ孫を紹介してもらって学資保険頂いたこともあるから。高齢＝保険は入れないいって決めつけちゃダメよ」

このアンテナビンビン論は、お客様のもとに向かう車の助手席で一日に何度も聞かされていたので、洗脳的に覚えてしまった。今のところケガの保険に入りたい人や、孫やひ孫を紹介してくれた人はいない。

今日も朝から78歳、82歳、86歳の家を回ったものの、新しい商品どころか、「保険解約したらお金出るんかね。老人ホームに入る資金にしたい」と言い出して、マスターが慌てて保険の必要性を説いてことなきを得た。

「なかなか保険に入りたいって人はいないですね」

オフィスへ戻る社内で溜息を吐く。こんなんで来月から契約取れるのだろうか。保険屋さんとしてやっていけるのだろうか。

「1000件ダメでも、1001件で保険に入りたい人がいるかもしれない。そういう仕事よ。営業は」

右手にコンビニのチキン、左手で膝の上のスマホをチョコチョコいじり、たまにハンドルを握りながらドリカムみたいなことを言う。

「とにかく人に会わなくちゃ始まんないからね。アポよ、アポ。明日も定期点検入ってたよね」

「はい、13時に3丁目、16時に1丁目です」

「何歳?」

「23です」

「そうじゃなくてそのお客様」

「あ、確か、91と78です」

「はぁ、もっと若い人のアポ取ってよ、働き盛りで保険必要そうな40代くらいのさ。お年寄りばっかじゃない。今日も70、80代」

そうはいっても、ハピノートに出てくる担当地域のお客様に片っ端から電話をし、定期訪問のアポを試みるけれど、電話に出るのは専業主婦かお年寄りばかり。主婦は、「は？ 保険？間に合ってるわ」でガチャン。一方、お年寄りは、「保険……よくわかりませんが、明日は一日家におりますんで、いらしても構いませんよ」と、私の実にたどたどしい話しぶりでもすんなりとアポが取れるから、詐欺に引っかからないか心配になる。

社員証をぶら下げ、お年寄りばかりのアポをマスターと回る日々。契約にはならなくとも、会話に飢えているお年寄りは皆、優しい。お茶やようかんを出してくれ、孫の話が始まり、保険の話もそこそこに聞き入ってしまう。

「お客さんがああやっておしゃべりモードに入ったら、次のお約束があるとか嘘ついてでも切り上げなくちゃダメだからね」

今日行ったアポは、旦那さんに先立たれ、息子夫婦は都内に住んでいて、盆と正月以外帰ってこないという独り暮らしのおばあさんだった。15分足らずで終わる定期点検にもかかわらず、「久しぶりに話すのがうれしい」と1時間近く話が止まらなくなってしまっていた。

「それも途中から5年前に死んだ犬と孫の話が交ざってたし。同じこと3回言ってたし。もしかしたらボケてきてるのかもね」

その場ではニコニコ相づちを打っていたのに、本人がいない車内では辛辣なことを言う。

「でもやっぱり、独り暮らしだから話せる人がいなくて寂しいんじゃ」

ひとしきり話し終えて満足したような、少し寂しげな別れ際のお客様の顔を思い出す。

「じゃあ介護の仕事に転職したら」

「え？」

「私たち慈善事業じゃないの。契約、取れなければなんにも意味がないから。来月から契約取るのわかってる？　今はそのための種をまく大事な期間。さっきの話に何時間でも付き合ったら、そりゃ、あのおばあちゃんは寂しくないかもしれないけれど、それは私たちの仕事じゃない。私たちの仕事は給付金の漏れがないか聞いて、息子さんの保険の加入状況を聞いて保険を勧めること」

「すみません」

上条聖子は二人いる？　と疑っていたけれど、だんだんと二人いるわけではなく、こっちが本当の顔だと気がついた。

「着いたよ」

「ありがとうございます」

オフィスに着くと、私はガソリン代として200円を渡す。それがオフィスの暗黙のルールだった。車に乗せてもらったら200円、もしくはペットボトルのお茶を買う。

「次、行ってくるから。戻るまでテレアポしてて。若い人のアポ2件取っといてね」

オフィスの下にある駐車場で車を降りると、有村さんの姿が見えた。いつも淡いパステルカラーの服に品のいいアクセサリーをつけていて、アイドルみたいだ。彼女は私を見てにっこりと笑う。

「お疲れ様です」

「お疲れ様。あ、ねぇ、夕方ってなにか予定入ってるかな？」

「いえ、今からテレアポで、そのあとは特には」

「じゃあ私とアンケート取りに行かない？　1年目のこの時期って、アンケートノルマあるでしょ」

そうなのだ。契約のノルマがない代わりに、6月は毎週15枚アンケートを取らなくてはいけない。

これまでの私は、担当地域で知らない人に意を決して話しかけているものの、無視をされるor断られるかの全敗中で、アンケートを取るのに恐怖すら抱いていたので、先輩がいるのならば心強い。

「いいんですか！」

「もちろん。いいですよね？　マスター」

「有村ちゃんはアンケート取るのうまいから勉強になるよ。行ってきな」

そして二人は車に乗ってオフィスをあとにした。どうやらこれから行くお客様は契約になる人らしく、マスターは機嫌が良さそうだった。さて、私はオフィスに戻りテレアポをする。なんといってもお客様に会わないと始まらないのが保険屋の仕事だ。そのためにテレアポは必要不可欠。オフィスでの勤務が始まってから自分の担当地域に電話をかけて、かけて、かけまくっている。最初は物怖じせずにダイヤルを押せる。断られたり、ガチャンと話の途中で切られたりする回数が増えると、だんだんと通話ボタンを押すのが怖くなってくる。

たかが、電話。されど、電話。電話が苦手な若者が増えているというが、私は電話が案外好きだった。メールのようにチマチマ打つのは面倒だし、何より今、リアルタイムで人と話せている感覚があるから。

今はというと、研修でもらったテレアポ用の台本を左手に、電話を右手に、「ルルルル」という発信音が鳴る間、ずっと瞼を閉じている。そうしないとバクバクの心臓が口から出そう。アポを取るためにかけているというのに、内心「ひー、出たらどうしよう」、通話口から「もしもし」と声がしたならば、「でたぁ」とおっかなびっくりしている。

「も、もしもし。突然のお電話すみません。私ハピネス生命の三上と申します」

「ああ、保険屋さん。なにかご用?」

電話口に出たのは55歳の女性。この人が入っている保険は、マスターが言うには〝オイシイ〟そうだ。契約してから年数が経ち、保険内容が古くなっている……だから、今加入している商品を下取りすれば、その分保険料は新規で入るよりも安くなる。加入を勧めやすい状況にあるからこそ、アポを取るように言われていたのだ。けれど、朝かけても、昼かけても、夜かけても、土日にかけても留守だった。

「留守電をしてくださりましたよね、何度も。いったいなんのご用なんですか」

「はい、何度もすみません」

テレアポは毎日やるのが鉄則で、連日留守電を残していたので、電話越しの声はちょっと引いている。そりゃそうだ。留守電を残す張本人も、「しつこいな」と思いつつメッセージを残しているのだから。

しかし、せっかくつながったのならば、これはチャンスである。電話口の声は引いてはいるものの、怒ってはいない。それが救いだ。よーし。どうにか会う約束を取りつけなくちゃ。来

かけて
かけて
かけまくれ

月から契約を取るんだ、そのためにこの電話の相手は大事な金脈なんだ。

「お電話をいたしましたのは、お伝えしたいことがございまして」

「はぁ」

「年に一度、ハピネス生命にご加入のお客様に給付金の漏れがないか確認する定期点検をおこなっておりまして」

「あら、そうなの……でも大丈夫よ。特別入院とかしてないから」

や、ヤバい。切られてしまう。せっかくつながったのに切られたなんて知られたらマスターに怒られる！　フッフッと汗がにじむ。喉の奥が飢え乾き、緊張で体が強張る。ここで引いたらダメだ。がんばらなくちゃ。負けるな、負けるな。

「あ！　そ、それと！　お客様のご加入の保険が少し前の商品でして、万が一の際に給付金が出ない……なんて事態もあるかもしれないんです、事由によっては。長年ご契約いただいているのに大変なときにお力になれないのは誠に申し訳ないので、お見直しのお話、最新の保障についてお聞いていただきたくて」

途中から自分が何を言っているのかわからなくなってきた。ただ、頭の中にある、ここ2か月ほどで詰め込んだ保険の知識を総動員させた。

「あら、そう。それは困るわね」

よし、もう一押し。今まで取れたアポは時間に余裕のあるお年寄りばかりだったから、「いつでもいいよ」だったけれど、この方はお忙しい方だ……。研修で習ったあの伝家の宝刀を出すっきゃない。

「こ、今週の水曜と金曜ですと、どちらがご都合よろしいですか」

テレアポの極意。それは、「いつが空いていますか？」と決定権を相手に委ねるのは悪手。それでは考えるまでもなく、「空いてないよ」とばっさり切られてしまう。テレアポのコツは、「AとBのどちらがいいですか？」と二択にすること。そうすれば、「Aはダメだけど、Bは空いてるな」と考えてくれる。

「金曜は仕事ですけれど……水曜は午後が休みなので午後からなら平気ですよ」

わぁ、極意！　本当に使えた。

「では、水曜の午後にご自宅にお伺いしてもよろしいですか」

「あぁ、構いませんよ。14時くらいなら」

「は、はい。ありがとうございます。あと、もしもご都合悪くなった際には日にちの変更もできますので、今からお伝えする番号にご一報ください。080……」

やった！　〝オイシイ〟アポが取れた。通話終了ボタンを押して思わずガッツポーズ。もしかしたら、これが来月の契約につながるかもしれない！

「このアポ取れたの？　いいなぁ。めっちゃ、オイシイじゃん」

隣の席からルミさんが、ニヤニヤと私のデスクの上に置かれた契約内容の書かれた紙を覗き込む。

「これなら契約もらえるね。うらやましいなぁ」

「あの、今さらなんですが、オイシイってどういうことなんですか」

「んん？　さてはわかってない？」

「あ、いえ、この契約、古い契約だから、もしものときにお金が出ないかもっていうのはわかるんですが……でも、お客さんを前にどう説明したらいいか自信がなくて……」

「ふむ。では教えてしんぜよう。この契約は15年くらい前に出てた古い保険。昔はね、入院したら長く入院するのが主流だったのね。だからこれは入院5日目からしか給付金が出ない。でも今は、短期入院が主流。もし、病気になって入院したのに4日で退院したのなら……？」

「入院したのにお金が出ない？」

「そうそう。せっかく長いこと保険料を払ってきたのに1円も出ないのだ。でも、新しい保険なら1日の入院だけでなく、なんと日帰り入院からでもお金が出る。それにね、古い保険は1日につき5000円だけど、今は入院日額いくらって支社の研修で教わった？」

「10000円です！」

「イエス！　なんだか古い保険に入っているの損に感じないかい？」

「感じます。もし私がこれに加入してたら見直ししたいです。いつ病気になるか、事故に遭うかわかんないし」

「でしょー？　怖くなるでしょう？　それがオイシイってことよ。それにしてもみかんちゃんはなんか単純だねぇ。君みたいなお客さんばかりならいいんだけどねぇ」

「へ？」

「あと入院日数だけじゃなく、古い商品だと、今は給付対象でも当時は給付対象じゃない手術もあるから、切り口はいろいろ。保険商品によってちがうから勉強してみそ」

フフンとドヤ顔のルミさん。

「それがわかっているのに、どうして契約が取れないんだろうねぇ」

その会話を聞いていたオフィス長の溜息交じりの一言で、ルミさんは顔色を青くして、「3番目の兄貴の娘に医療保険勧めてきまぁす」と叫んでオフィスを飛び出した。

「ルミは兄弟姉妹多くていいねえ」

緒方さんはお客様に配るハピ郎のティッシュを袋詰めしながら、ボソッと漏らす。意味がわからずキョトンとした私をクスッと笑って、「ルミは五男三女の真ん中。困ったときは今みたいに兄貴の娘だ、妹の旦那の弟だに頼みに行けば首の皮がつながんの」と、こちらに目もくれず言った。

保険会社の人は、家族や親せきもグルッとまとめて保険に加入させられると、保険会社に就職するとき、さんざん聞かされた脅し文句だ。そんなこと本当にあるのか……まさかとは思っていたけれど。

「三上さんは、兄弟姉妹いるの」

「いえ」

「ふぅん、じゃあ、首の皮ぶら下がってるとき大変ね」

「緒方ちゃん、あんまり新人さんを怖がらせちゃダメよ。めっ」

「私は本当のことを言っているだけですよ」

リーダーが間に入ってくれてホッとする。でも、いつもニコニコしていて、おっとりしているように見えて営業においてはやり手だ。伊達にリーダーをしているわけじゃない。いつも契約を積み上げてノルマをこなしている。

「みかんちゃん、アポ取れたのなら、その準備しておこうね。それから100軒投函のチラシはもう作った？」

「いえ、まだです」

「じゃあ、今からやっておこうねぇ。できたら100枚印刷するんじゃなくて、1枚印刷してマスターに見せるのよ。それでオッケー出たら100枚印刷してねぇ」

　今の私の仕事の1つ。それがチラシ投函だ。「私がこの地域の新しい担当になりました」と書かれた自己紹介のチラシを100軒分、担当地域に配るのだ。100軒は上限ではなく、とりあえずのひと区切りで、100軒配ったら、200軒、300軒と配り続ける。

　ハピノートを立ち上げて、スーツ姿の女性のイラストの横に、タッチペンで自己紹介や一言PRを入力する。

【ハピネス生命の新入社員の三上杏です。未熟者ですが皆様のお役に立てるよう一生懸命がんばるのでよろしくお願いします】【趣味・プロレスを観ること。特技・ドラム演奏】

これでオッケー。1枚印刷すると、ちょうど、有村さんとの同行で契約が取れて心なしか雰囲気が柔らかなマスターが帰ってきたので、「100軒投函のチラシできました。確認お願いします」と差し出した。すると、緩んでいた空気が急に張り詰める。

「これ印刷したの1枚?」

「はい」

「そう、よかった。100枚も紙を無駄にしなくて、これボツね」

「え?」

「まず、未熟者はいらない。未熟者に大事な保険を任せたくないから。私に任せれば安心です! くらい書いて。あと趣味がプロレス、特技がドラムねぇ……」

「はい……」

「男っぽい感じがダメ。趣味はお菓子作りで……特技は……生け花にしたら?」

「え、お菓子作れません。お花も」

「いいのよ。お客さんの前で作らせられることなんてないんだから。書くだけ書いといて。女性らしいほうがウケがいいんだから」

「は、はぁ」

「契約取るための自己プロデュースも大事だから」

本来の私が記されたＡ４紙はシュレッダーにかけられ屑となり、女性らしい新入社員さんのチラシが１００枚印刷される。

「これ明日から配ってきてね」

紙は１枚だけだともろく弱いのに、１００枚となるとずしりと重く収まる。これを持って担当地域まで行って、なおかつ配るのか。

「あとハピフレはどうした?」

「まだです……すみません」

ハピフレとは、「ハピネスフレンド」の略。入社時に、保険に入りたい人を私たちに紹介する、いわば協力者を3名登録しなくてはならない……。だが、まだ誰にも頼めていない。だってなんだか頼みづらい。保険じゃないからお金はかからない、なんなら定期的にハピ郎グッズが郵送されてくる。その代わりに誰か紹介しろというのも。

「別にいいのよ。ハピフレには何人紹介しろっていう目標はないんだもの。誰も紹介しなくてもいいの。お友だちにでも登録するだけしてもらいなさいよ」

そうはいってもなかなか難しい。

「マスター」

頭を抱える私の背後から声をかけるのは有村さん。

「内勤さんに契約の書類出してきました。三上さんとアンケート行ってきてもいいですか」

「うん。行ってきな」

「行こっか、アンケート用紙とボード持ってるね」

「はい」

オフィスで一番目立つところにあるホワイトボードには、契約が取れるとすぐに名前と数字が書かれる。いつのまにか、「有村こはる1350万」とある。契約の大きさを表すこの数字「募集手当（通称・ボテ）」、年金保険なら100以下だし、普通の死亡保険と医療がついているような商品ならば500万くらい、医療保険だけなら100~200万ほどだから、1350万はめちゃくちゃ大きい契約だ。東雲一族、緒方さん、リーダークラスならば1000万超えの契約を上げることもあったけれど、1年先輩がこんな大きな契約を上げるなんて……すごい。

「すごいです。こんな大きな契約取るなんて、憧れちゃう」

「本当？　またうれしいこと言ってくれるね」

また？　前にも言っただろうか……？　と、首を傾げつつアンケート取りに向かう。

よく路上で、「保険の加入状況をお伺いしてまして」なんて声をかけられたことはないだろうか？　あれである。これは新人にとっても、ベテランにとっても大事な仕事だ。契約を取る主戦場は、支社から割り振られた担当地域や職域、会社（最低一人一社でベテランならば何社も）、そのほか自分で開拓した会社や知り合いとなる。けれど、それには限界がある。だから、街頭で声をかけてアンケートをもらうことによって、新しい契約の見込みを探すのだ。

「すみません、私ハピネス生命の……」

「今、急いでるんで」

「ハピネス生命と申します……あのっ」

「……」

「こ、こんにちは。ハピネス生命の」

「間に合ってます」

「あの、ハピ……」

全敗。でもまぁ、街でアンケートお願いしますって言われて立ち止まるかと言われたら立ち止まらない。

「ハピネス生命と申します。今、アンケートを」

「……少しならいいですよ」

ごくたまーに立ち止まってアンケートに答えてくれる人もいる。もしかしたら私を不憫に思って、同情心で答えてくれているのかもしれない。歌舞伎町のキャッチのように、断られてもホイホイ次に行けるメンタルなど持ち合わせておらず、勇気を振り絞って話しかけたのに無視をされるとどんより落ち込み、悲壮感の滲む顔が相手の瞳に映っている。

「ありがとうございますっ。あの、今、保険にご加入はされてますか」

「ええ」

「ちなみにどちらの会社かわかりますか」

「昭和山田生命かしら。知り合いが働いていて」

アンケートの項目は、「保険に加入しているか」「加入しているなら会社名、保険料は月いくらか、それを高いと感じるか安いと感じるか」。口頭で質問を読み上げ、聞いた答えをペンで書き込んでいく、ここまではいいのだ。問題はここから先……。

「アンケートは以上です、あの最後にお名前と住所か電話番号と、生年月日を伺っても……」

「え、住所ですか」

「お答えいただいた方に、後日お礼をお届けしたいので」

「すみません、個人情報は……ちょっと」

「でもあの、ハピネス生命オリジナルのハピ郎グッズを……」

「結構ですので」

そして、そそくさと逃げていく。確かに、街中で知らない人に個人情報なんて教えたくないだろう。私が聞かれる側だとしても言いたくはない。保険屋だったらなおさら「勧誘される」と身構えるだろう。ハードルの高さとは裏腹に、これは絶対聞かなくてはいけない項目だ。アンケートはもらったら終わり、ではなく、後日お礼を渡したいと言って再度会い、回答をもとによりよい保険を提案して、ゆくゆくは契約に結び付けなくてはいけないのだ。それこそがアンケートの最大の目的だ。先日、やっとなんとか一枚だけアンケートに答えてもらい、喜んでオフィスに戻ったものの、名前はあれど電話番号や住所と連絡の手段がなかったので、マスターに怒鳴られた。

「有村さぁん」

遠くの日陰で私の悪戦苦闘を見ていた有村さんに助けを乞う。

「みかんちゃんって素直すぎるよね」

彼女は品よくクスクスと笑った。

「まず、最初に話しかけるときに、ハピネス生命ですは、禁句」

「え、でも……身分がわかったほうが……」

「警戒されちゃうじゃない。勧誘されるって。私なら、あの、すみませんって声かけるよ。そうするとね、道を聞いてくる人かなと立ち止まってくれるから」

「なるほど」

「それと、個人情報は住所は言いたくない人もいるから住所は無理して聞かない。電話番号なら着拒とかすればいい分ハードル下がるから聞くのはそっち。そのときも勧誘しませんから、一応聞くだけって笑いながらね。みかんちゃんは、ちょっと必死すぎ。もっと肩の力抜いて」

「はい……」

「あとマスターから連絡来てた。今日のアンケートノルマは3枚」

ちゃんと個人情報が入ったアンケートを取れたのは2枚。それも1枚は偶然通りかかった友人、そしてもう1枚は声をかけた人が宗教を信仰している人で、向こうも「アンケートを書いてほしい」と言ってきたので交換条件のように互いのアンケートを埋めたもの（ちなみに集会に来てくれと連絡が来まくっていて怖い）。3枚なんてできるわけ……いや、でもせっかく有村さんにコツを教わったんだからやるぞ。

「3枚がんばります」

「もういいんじゃない」

「え　で　もまだ1枚も……」

「十分がんばったし、お茶でもしよう。スタバ行かない？　おごってあげる」

「え、でも3枚……ノルマが」

「真面目すぎ。そこがいいとこかもしれないけど、この仕事、手を抜くところで抜かないとつぶれるよ。大丈夫、お茶しながらでもアンケートは取れるから」

どういうこと？　スタバの店員さんにアンケートを頼むの？　でも、商業施設内でのアンケート取りはご法度なはずだ。以前ショッピングモールでアンケートを取った保険屋がいて、クレームが入ったという。よくわからないままスタバのテラス席に座り、新作のフラペチーノをすすっている。

「んー美味しいっ」

「あの、アンケートは」

「担当地域どの辺？」

「2丁目と3丁目です」

「オッケー」

携帯電話を片手にニコッと笑う。オッケーって……何が？　携帯電話でいったい何してるの？　SNSでも更新してるの？　けれど、「はいっ」と見せられたその画面にあったのは、「いいね！」や〝映え〟ではなく、知らない人の名前、住所、電話番号がずらりと並んでいる。まるで闇市だ。

「こ、これ、なんですか。なんかヤバいサイトですか」

「ちがうよ。ネットの電話帳みたいなの。これを書けばいいいんだよ。ほらこれ2丁目と3丁目」

「ええ？」

「私いつもこうしてるよ」

透き通る肌、桃色に染まった頬の頂き、赤い唇、可憐な顔で何を言うのか、有村さん。オフィス長やマスターの前と変わらぬ愛らしさを醸しながら、笑うその姿には面食らう。

「それって……いけないことですよね」

「うん、そう、いけないことだよ」

「じゃあ……できないです……」

「どうして？　個人情報にうるさい時代に、普通にやっても取れないよね？　アンケート。でも、上は取れって言うよね。がんばっても無視か拒絶じゃ心折れちゃうよ。これくらい大丈夫。契約違反とかしてるんじゃないんだし」

「それはまぁ、そうですけれど」

いいのかな……こんなこと。いや、よくない。今からでもフラペチーノのお代を渡して一人で街頭アンケートを続けるのが正しいと思う。とはいえ、一人で3枚は無理がある。チラッと見える目の前にある携帯電話の画面上の文字。アンケートの声かけをして断られることを思うと、キュッと胸が締めつけられる。別に意地悪や、傷つけてやろうと相手が思っているわけではなくても、どうしてもショックは食らう。またあれを食らいたくない一心で、私は目についた3名の名前、住所、電話番号、を書き写してしまった。

「あ、でも、生年月日は」

「そんなの適当だよ、なんとなく雰囲気でさ」

1時間街頭に立っても取れないアンケートが、5分足らずで完成する。ちがう意味でのショックが体を走った。罪悪感……。

「この仕事メンタルやられるから、上手に楽しないとダメだよ。みんな明るく見えるけど、壊れないように踏ん張っているだけだから」

「そ、それは有村さんもですか……？」

「ご想像にお任せします」

恋愛ネタの質問でも投げかけられたアイドルみたいに、ニコリ。それが少し怖いと思う、ゾクリ。

私たちは、何食わぬ顔をしてオフィスに戻り、アンケートの報告をした。偽物の、契約につながらないアンケートを「たくさん取れたね」とほめてくれる。心が痛んだ。有村さんはケロッとして、アンケートを書いてくれた人があんな人だったこんな人だったと嘘を真実のように話すものだから、ついそっちを信じそうになる。

このアンケートの名前には、お礼を届けに行くことも、保険の提案にも行けない。これは偽物だから。ちなみに、アンケートのお礼と保険提案についてはうまく誤魔化すそうだ。

ハピフレは、結局、〆切ギリギリに従姉弟と恩師らに、「人助けだと思って名前だけ貸してください」とお願いした。そして、担当職域は地元の中小企業に決定する。契約の種をまく6月、十分にまけているのかわからぬまま下旬を迎えた。

「あれ」

壁に貼られた営業成績一覧。そこに貼られた今月の契約がすべてリセットされている。ハピネス生命は毎月20日〆で21日から取る契約は翌月扱いになる。今日でもう6月分が終わり、まだ6月下旬でありながら明日からは7月分の契約を取り始める。並ぶ苗字の羅列に、「三上」と私の名前が貼られた。

来月からは私も契約を取る。

「あのオイシイ契約取る作戦立てるよ」

マスターに言われて駆け寄った。

8

保険業界では、7月を「7月セン」と言う。

「セン」とは〝戦う〟と表記する。ちなみに2月も、11月にも〝戦〟がつく。この3か月は特別で、「戦のつく月はお祭りよ」とオフィス長に言われて、「お祭りですか?」と聞き返してしまった。お祭りと言うと、出店が出たり、神輿を担ぐイメージだが、

「そう、契約を取って取って取りまくるお祭り」

と言われて言葉を失った。それは果たしてお祭りなのか。そもそも、戦と祭りは火薬の匂いは似ているかもしれないが、華やかな花火と血生臭い鉄砲は似て非なるものだ。

戦の月はなんと、ノルマが倍になる。新入社員が7月から契約を取り始めるというのも、7月戦に合わせてだという噂があった。暦の上ではまだ6月中旬であるとはいえ、オフィス内の空気はピリつき、ベテランはすでいくつもの契約を上げ、新人もその空気にあてられてテレアポに励む。

私も休み返上で電話をかけまくるものの、契約はおろかアポすら取れない。新人だもん、と少しの開き直りをしようものなら、マスターから、「同期はすごいわよ」と、現在の営業成績を伝えるファックスを見せられて、思わず二度見する。皆、3件も、4件も取っていて……ゼロは私だけ!

「この成績、オフィスの恥さらしなんだけど」

「すみません」

「家族、友だち、加入する人いないの？　はじめは皆、そのへんから取ってるわよ」

確かに同期に聞いてみると、「両親が」「私は両親と友だち」といったラインナップだった。

ノルマが取れていないのに生意気かもしれないが、身内や友だちに契約を頼むのは……なんとなくイヤだった。保険屋は勧誘するから嫌われる、入社前に何度も言われた言葉を思い出す。

「はぁ」

サービス残業（保険会社は営業成績によって給与が決まるので残業代は存在していない。毎日残業と休日返上で出勤したとしても成績が悪ければ給与は雀の涙）を終えて、「ＱＫＪ」で酒を片手に愚痴を零《こぼ》す。

子どものころから、大人はなぜ仕事帰りにビールを飲みたがるのかわからなかった。今ならわかる。まだ私はビールの苦みをうまいと認識できず、甘いカクテルを飲む。

仕事中は苦手なこともイヤな顔せずこなし、自分の感情は二の次で、要は無理をしている。アルコールは自分を自分に戻すための薬だ。酒以外にも、熱いお風呂や甘いものという薬もあるが、酒が一番手っ取り早くて強力だ。脳にガツンと来る。

「だから言ったじゃん、ヤバいって」

弥生さんは溜息交じりに言う。

「契約取ったり、新しい職員勧誘したり……とにかく人に声をかけまくらなくちゃいけないんだよね」

「詳しいねぇ」

「私の兄貴の奥さんがやってたもん。でも辛いって、すぐ仕事辞めてたから」

研修のときよく聞かされたのは、美談ばかりだった。若くして夫を亡くした未亡人が保険のおかげで助かった、とかそういうの。けれど、太陽の後ろに影ができるように、確かに悪い話というのも存在している。無理やり勧誘させられた、友だちをなくした……。成績のためにみんな必死なのかもしれない。

私はそんな保険屋にはなりたくない。いまだ1つも契約を取れていないくせに何を言ってんだって感じだ。それでも、成績が大変だからと、友人らをしつこく勧誘したりするのはイヤだ。もし、「ちょうど保険に入ろうと思っていたの」なんていう友だちでもいたなら話は別だけれど、決してこちらから頼み込んで加入してもらう営業はしない。

「よし、ここに勧誘せずの誓いを立てるぞ」

「『るろうに剣心』の殺さずの誓いじゃあるまいし」

「あ、人助けだと思ってアンケート書いて」

「ちょっと剣心！　勧誘せずの誓いは？」

「おろ？」

「……まぁ、アンケートくらいなら書くけれど……保険には入らないよ」

「うん、もちろん。だって営業じゃないもん、アンケート書いてもらうだけ……。営業はしない。本当のこと書かなくていいから、偽名と適当な住所でいいよ」

「先輩が言ってた作戦、ネットの住所録みたいなのはやってないの？」

「うん、だって上司に突っ込まれても誤魔化せないから。地道に友だちとか、行きつけの美容室とか、大学の先生に、勧誘しないって条件付きで書いてもらってる」

「アンケートって、保険に入れるために書いてもらうのに意味ないじゃん」

「そうだけど……アンケートノルマできないと給料減らされちゃうんだもん」

サラサラとボールペンを走らせる。バーカウンターには似合わぬ保険のアンケートの文字を逆さまに眺めながら、何をやってるんだろうと思った。「ＱＫＪ」という大事な居場所に来て一息つくはずか、まるで場を荒らすみたいに巻き込んで……。

「偽名でもいいって言ったよね。峰不二子《みねふじこ》にしとこ」

そう宣言し、保険の加入状況も月10万払ってるとか、六本木ヒルズに住んでるとかデタラメに埋めていく。

「それにしてもこれを街頭でやるなんて大変だ。誰も書いてくれないでしょ」

「そう！　本当に大変！　でも上司は3件アンケート取るまで帰ってくるなとか言うし」

「たまに声かけられるけどいつも無視してた……。今度からはなるべく答えてあげるようにするわ。保険には入らないけれど、帰れないなんて可哀想だし」

「勧誘されるよ」

「……じゃあ、みかん、アンケだけにするわ」

そうして夜はふけていった。

翌日、大会の日。大会……皆がそう言うから私もスケジュール帳に大会と書いた。実態はよくわかっていない。いつものような朝礼がなく、チームで車に乗り込み、隣町の市民ホールへと向かい、気づくと椅子に座らされていた。ホールを見渡すと黒いスーツの98％の女性と男性2％で構成されていて、まるで大規模なお葬式みたいだった。一部の人はチアリーダーが持つようなポンポンや、アイドルを応援するような団扇を持っている。団扇に書かれた文字は、ジャニーズの名前ではなくて、なんと「オフィス長」である。なんだこれ。

「あのぉ、ルミさん」

チームごとに座ったので、私の隣はルミさんと有村さんだった。いつもの面々だ。

「大会……ってなんなんですか」

その言葉を、

「真一郎ーっ」

という、声にかき消される。斜め前に座っていた東雲ファミリーのボス・千恵子さんだ。小さな体に備えつけられた小さな口から発せられているのかと疑うほどのボリュームで、それはまるでロックミュージシャンばりのシャウトだった。

「あ、おふくろ」

振り返ったのは、高身長でさわやかな男性だった。この会場の1％足らずの男性はほとんどおじさんなのに、めずらしい。30半ばくらいだろうか……それにしても、えっ！　おふくろ？

「バカ息子。ここでは千恵子さんだろう」

「これはこれは、すみません、千恵子さん。ところで、7月戦、そっちのオフィスは苦戦しているみたいだね」

「おまえんとこは、ずいぶん調子がいいみたいじゃないか」

「7月戦のために口説き落としてた会社があってね。休日返上のゴルフと飲みで、社員全員の契約もらえたんだよ」

親子の会話というか、まるで武将と武将の会話みたい。なんとも殺気立っていて、自尊心がぶつかり合って火花が散ってる。

「あ、みいちゃん。今日、夕方からアポだよね、愛理《あいり》の保育園のお迎え、ぼく行くからね」

声色が急に優しくなり、千恵子さんの左隣に座るみなみさんに語りかける。そうだ、千恵子さんの息子さんということは、みなみさんの旦那さん。そして、

「千鶴、おまえ、7月戦の成績あれで大丈夫なの？　ヤベぇだろ」

千鶴さん……すなわち、妹に少し意地悪に声をかけた。うわぁ、本当に母、息子、娘、嫁で保険屋なんだ。それもトップクラスの営業成績で。なんて華麗なる保険屋一族。

「用が済んだらさっさとお行き！」

「はいはい、失礼しますよ、母上」

ササっと、ミュージカルのワンシーンみたいに軽やかに去っていく。

「すごいね、さすが東雲ファミリー」

ルミさんはクスクス笑う。

「家族で同じ会社なんてめずらしいですよね」

「案外いるよ。あのオフィスのあの人はうちのオフィスの真田さんのお姉ちゃんだし、あ、あっちも親娘、嫁姑もいたはずだなぁ」

ピッピッと噂とおしゃべり好きなルミさんは、小さな指差しと共にあれこれ教えてくれる。

「あ、あの、今さらなんですが、大会ってなんなんですか」

「え、知らないで来たの？」

いや、だって、説明もなく大会だと出社早々に車に押し込まれたんだもの。

「ま、最初の大会なんてそんなもんか。私もよくわからないで来て、ビビったし」

「ビビる……？」

「いわば決起集会かな」

決起集会と言われると……頭の中に長ランリーゼントと、丈の長いセーラー服のいかにもな不良の姿が浮かぶ。保険、夜露死苦ぅ。

「がんばるぞ&今の段階での7月戦トップのオフィスと、個人の営業成績トップ3が壇上で表彰されるのよ」

「え、まだ6月ですよ」

「お、その反応新鮮！　あのね、7月戦とは名ばかりで、やり手のベテランは5月くらいから契約を取り始めるのよ、7月分でね」

「え、それお客様的にはいいんですか」

「まぁ、会社都合とかいろいろ言ってね。でも違法じゃないよ。だからトップ連中は7月になってもいないのに、もう10件、20件取ってるよ。私はまだゼロだけれど～」

「ルミさん、笑ってる場合じゃないでしょ、ゼロってマジでヤバいよ、危機感！」

前の席からマスターがピシャリと言い放つ。

「はーい。がんばりまっする」

「それから、三上。この前のオイシイお客さん、そのあともう一押し、二押しした？」

アポの取れたオイシイお客さんのところには、先日行った。これは絶対いける契約だからと、今の加入状況を説明する私をそこのけ押しのけと、マスターは今の契約を下取り、新しい契約にすることを食い気味に勧めた。グイグイ行きすぎたからか、お客さんはあからさまに引いていて、営業成績的にはその場で即決してほしかったのだけれど、「少し考えます」とお茶を濁された。

下取りがあるから多少割安にはなっているものの、月々5000円近い。めちゃくちゃ高いわけではないが、決して安くもない。5000円あれば、「サイゼリヤ」ではパーティができる。悩むのは無理ないと、連絡が来るのを待っていた。

「は！　待ってるだけ？　行ったの先週でしょう。その後どうですか？　って電話。あと一筆箋でお手紙書いて、ティッシュの詰め合わせでもポストに入れてきな」

「え、でもしつこく……ないですか」

「そんな悠長なこと言っていたら7月戦が終わっちゃうから。新人がゼロで終わるとかありえないから。とにかく行動するの。行きつけの美容室でアンケートもらったって言ってたけど、保険作って見せに行った？　行かなきゃダメなの。あと、整骨院行ってるって言ってたよね、そこにもアンケート置いておいで。あと三上はネイルはやらないの？　駅前にネイルサロンができたからネイルして、ついでにアンケもらって、保険提案してきな」

「はい」

「あとイニシャルは？」

「え、A・Mです」

「そうじゃない。家族、友人、親戚のこと。勧められる人、本当にいないの」

「あ、はい……いなくって」

「じゃあ、ますます焦らなくちゃダメじゃない」

そんな話をしているうちに大会は始まってしまう。映画の始まりみたいに会場が暗くなり、壇上のスクリーンに、「20××年7月戦大会」の文字と支社の建物が映し出される。毎日研修で通っていた支社が懐かしく思えた。支社の隣にあるニンニクましましのラーメン屋の油の臭いが、幻覚ならぬ幻臭として鼻をつく。

「群雄割拠の、職員集いし、この支社に……太陽よりも熱い7月が来た。今年の7月笑うのは誰だ、制するのは誰だ、天下を取るのはどのオフィスだ！　太陽よりも熱い火花散らす7月戦！　これより支社大会を開催します」

え……何これ、「天下一武闘会」でも始まるの？　ナレーションと共に、ドキュメンタリーふうに支社の偉い人の顔が映し出される。呆気にとられている私にルミさんが、「ヤバいっしょ」と耳打ちした。

「では、表彰に移ります」

開会宣言や、簡単な挨拶が終わると、この会のメインだという表彰が始まる。

「はじめに採用表彰です。○○オフィス1名採用……◇◇オフィス3名採用……」

まずは、新卒&中途の採用をできたオフィスが表彰される。1名でも採用できればオフィス長が壇上に上がり、採用した人数分の花をもらう。私のオフィスのオフィス長も「1名採用」と壇上に上がった。その1名とは私のことである。私の入社は綺麗な赤い花1輪として、オフィス長の腕の中に。なんとも不思議な感じがする。そして、新人の成績優秀者や、勤続年数の長い人らが表彰され、本日のメインイベントが始まった。ベテランの成績優秀者の発表だ。

「7月戦総合成績第3位、△△オフィス熊田信子さん。第2位、□□オフィス中村都司子さん。そして、そして栄えある第1位は……。☆☆オフィーーース、泉町子さーーーん」

名前を呼ばれて壇上に上がっていく第3位、2位の人はスーツ姿だけれど、1位の人はなんと着物姿だった。気合がちがう……。支社長からトップ3の人に表彰状が渡される。そのたびに、「熊田リーダー、おめでとうございます」「都司子さーん、これからもついていきまー

す」という声が上がる。オフィスごとに着席するから、それぞれの人が所属するオフィスの面々から声が上がる。ジャニーズのコンサートみたいな団扇を掲げたり、ポンポンを振ったり、なんだかすごい。圧巻だ。

「では第1位の泉さんには、スピーチもお願いいたしましょう」

「はい」

表彰状を抱きしめ、着物姿の60代くらいだろうか、女将ふうのおばさんは、ステージ中央のマイクの前に立ち、客席を見渡す。そして、涙を拭いながら話し始めた。

「この、7月戦……私は年齢も年齢ですし、体調を崩すことも多く、スタートダッシュに出遅れ、オフィスには大変なご迷惑をおかけしました。でも！　あきらめなければ必ず、保険の神様は微笑んでくださいます。飛び込みから頂けた大口契約、今まで築いてきたお客様との信頼関係……既契約のお客様からご家族を紹介していただき積み重ねた契約が、こうして私を今、この壇上から見える最高の景色まで連れてきてくれました」

ほ、保険の神様？　トイレの神様、ロマンスの神様なら聞いたことあるけれど、保険の神様って……。

「みんな本当にありがとう！　最後まで7月戦、走り抜けましょう。泉町子はこの命尽きるまで、保険屋として輝き続けます」

驚きを隠せない。会場内からは感動して啜り泣く声がしている。「泉さん！　ありがとう！　あなたはわがオフィスの太陽です」とそろえた声が響き、拍手喝采が起こる。そして、3位以下の途中経過や新人層のランキング、前回の戦の月とのオフィスの成績の推移の発表が続き、いよいよラストである。

「では、最後に皆さんご起立ください。オフィス長、マスターはどうぞ壇上へ。7月戦の大成功に向けて、私ががんばるぞ！　と拳を突き出したら、皆さんはオーと拳を突き上げてください」

そう支社長が促すので、促されるがまま立ち上がり、ホールにいた全員が「オー」と拳を突き上げる。なんだかこれってまるで……。

「宗教みたいよね」

有村さんがボソッと言う。

「それもカルト系」

確かにそうなのだ、怖い。なんというか、営業成績を教祖様として信仰する宗教みたい。

「最後に、現在の営業成績トップ50一覧をお配りします。ここに載っていない方は、今からでも遅くないので気を引き締めてがんばってください」

配られたホチキス止めの資料には、支社管轄のオフィスに所属する職員の営業成績……それも3年目以上のベテランと、3年目以下の新人層にはっきりと分けて、それぞれのトップ50のオフィス名と氏名が載っている。東雲ファミリーは全員名前がある、有村さんも48くらいに食い込んでいる。それに同期は、私とごましおちゃん以外全員の名前があった。

ごましおちゃんのことを思い出すと、懐かしくて愛おしくなる。会いたいなぁ。会場内でほとんどの同期と顔を合わせたけれど、彼女にだけは会っていない。基本的に大会は絶対参加だ。契約が取れそうなアポの場合は特別に欠席も許されている。ごましおちゃんは今、どこかで契約を取っているのかもしれない。私もがんばらなくちゃ。


【ごましおちゃん。元気？　7月戦どう？　私はヤバい。落ち着いたらごはんでも行こうね】


こっそりと携帯電話でメッセージを送る。

「次に△△オフィスの全員起立してください」

司会の人の声がして、バッと斜め前に座る人たちが一斉に立ち上がる。今度はなんの表彰だろう。

「えー、△△オフィスの新人・山田美香さんは、昨年20××年に友人から契約を頂く際に、△△駅の構内にあるカフェ、ドトールを使用。その際にお客様の個人情報が書かれた書類1枚をお店に置き忘れるという募集事故を起こしました。幸い店員さんがすぐに発見していたのが不幸中の幸いでしたが、決して許されることではありません。△△オフィスはこの7月戦、ペナルティとして他オフィスの1・5倍のノルマを課します」

さっきの感動とは一味ちがったすすり泣く声がする。立ち上がっている人々の群れのうち、一人が泣き崩れた。あれがきっと、渦中の山田美香さんとやらなのだろう。それにしても、これはいったいなんの時間？　公開処刑タイム？

「あの、これっていったい……。もう大会って、さっき締めて終わったんじゃ」

「大会はもう終わってるよ。大会はできた人を称える場所だから。今は、空き時間を使って事故を起こした人を見せしめる時間。みかんちゃんも気をつけてね？　事故を起こしたら半永久的にオフィスの人はこうやって言われるし、ペナルティでノルマも増えるから」

「事故……ってなんですか」

「あの人みたいに、契約を外のお店でやって書類を置き忘れたり、まぁないだろうけれど、病歴はありのまま告知しなきゃいけないのにそれを告知したら保険に入れませんよって嘘つかせたり……。そういうのを『募集事故』って言うの。要はいけないことよ」

いけないことって……有村さんもアンケート……と、思ったけれど口をつぐんだ。契約とアンケートじゃことの重大さがちがった。それにしても怖いな、わざとやるのならばともかく、書類の置き忘れ……なんてわざとじゃなくてもこんなふうに晒し首みたいに見せしめにあう。そりゃ確かに個人情報を預かっているのだから仕方がない。ただ、山田美香さんとやらの震えている頭のてっぺんに、なんとも同情してしまう。

「では今月契約を1件も上げていない方の名前を、今から読み上げますので起立してください。××オフィス宮本ルミさん、三上杏さん……」

突然名前を呼ばれ、心臓をギュッと握りつぶされたみたいな気分によろめきながら、立ち上がると眩暈がした。

9

会場を出てチームごとに車に乗りオフィスへ帰る。携帯電話を確認するも、ごましおちゃんからの返事はなかった。なんの通知もない画面をボーッと見ていると、急に着信で震えだす。発信元はあの〝オイシイ〟お客様だった。チームの面々に断り、通話ボタンを押す。

「あ、先日の保険屋さんですか？」

「はいっ！　三上です」

「保険の見直しの件なのですけど……」

やる？　やらない？　どっち？　無理強いはしたくない。とはいえ、さっき吸ってしまった大会の空気がグルグルと私の中で契約！　契約！　と煽ってくる。

「先日頂いた見直しのプランでやろうと思うので、また自宅に来ていただけますか？」

「は、はい！」

思わずガッツポーズしちゃう。アポを取りつけ電話を切ると、車内からは「初契約？　おめでとう」の声。

「くぅー、先越されちゃったー、こうなったら私のダイナマイトボディで枕営業するしかないわねん」

「こーら、変な冗談言わないの」

「それにルミの貧乳じゃ無理無理」

服越しに自分の胸を揉みしだき、体をくねらせるルミさんを、リーダーと緒方さんが一刀両断して笑いが起こる。

「でも本当によかったね」

「おめでとう。1件でも契約取れてると安心するもんね」

保険の仕事……少し怖いと思っていたけれど、そんなこと……ないよね。皆、いい人だし、いい職場だもんね。笑いながら自分に言い聞かせた。

さて、私の7月戦を一言で言うと……ビギナーズラックだった。無事、〃オイシイ〃お客様から契約が取れた。そして、それだけでなく、「主人と息子の保険も古いから見てほしい」と言われ、なんと1つの世帯から合計3つの契約が取れたのだ。今月のノルマが達成できたら、来月の契約を取る準備をしてもいいし、さらに高みを目指すべく契約を積み上げてもいい。来月の見込みがあるわけではない私は、もうこれで7月は終わりにして8月の準備をしようと思っていた。

「もしもし、みかん？」

幼稚園生のころからの幼馴染から電話があった。

「保険会社に就職したんだって？　ママから聞いたよ」

「うん、そうだよ。そっちは今なにしてるんだっけ」

「私は医療事務やってる。区立病院わかる？　あそこで働いている」

「へぇ！　凄いね。あの病院ジャングルジムから落ちて運ばれたことあるわぁ」

「え？　そうだったの。あ、それでね、うちのママがね、社会人になったんだから保険入っておけっていうの。私も仕事していると若くてもがんになる人いて怖いなって思って」

ま、まさか……この流れはもしかして。

「保険入れる？」

わぁ。勧誘するのではなく、友だちのほうから入りたいって言ってくれる理想的なパターン！

「う、うん、入れるよ。めっちゃ入れる」

「じゃあ、お願いしたいな。うち、来てよ。ママもみかんに会いたがっているし」

今月のノルマ以上のアポが取れてしまった。もしかして、意外と保険屋向いているかも……？　天職だったりして。今度の大会でスーパー新人として壇上に上がれちゃったりして！

と、調子に乗る私がいる。一方で、「落ち着いて、これはただのラッキーで実力ではないわ。8月分に取っておきましょう」という冷静な私もいる。後者のほうが確かに正しいし、地道で実直だ。

「その友だちの契約取れたら7月戦ＳＪだよ。有言実行じゃん」

マスターにそう言われて、ＳＪの響きに心奪われてしまった。

「スーパー実働」。

一番高いノルマを達成したということになる。そんな成績を残せるなんてかっこいいし、お給料もいくらになるんだろう……。3年目を超えると完全出来高制となるも、1、2年目は基本の固定給があり、契約数に応じた額がプラスされる仕組みだ。契約を取らない研修中でも手取りは12万くらい。少ない。家賃や光熱費で圧迫される……。もうちょっと給与が増えたら少し贅沢もできる気がした。

「8月の見込みがないから心配でもあるんですけれど」

「そんなの足を動かせばいいんだよ。オフィス的には7月ＳＪにしてもらいたい」

「わかりました！　じゃあ来月、足動かします」

マスターの妙に説得力がある言葉に誘われ、7月戦で5件の契約を華々しくおさめた。オフィス長にほめられ、朝礼でも讃えられた。

そのことによって8月の私の首は絞められた。

「……、計画性って言葉知ってる？」

「はい」

「7月ＳＪすごいよ、すばらしいよ、偉いよ。でも8月、まだ1件も契約取れてないってヤバいよ。今、何日？」

「8月10日です」

「〆切は？」

「10日後の20日です」

「契約の見込みは？」

「すみません、ありません。でもがんばります」

「まぁ、口ではいくらでも言えるからね」

8月。私の契約はゼロだった。7月最高峰のノルマを達成して、少し調子に乗りすぎた。契約を取り続けないとここでは生きていけない。平日は19時すぎまで、土曜も日曜も休日返上でオフィスに行ってテレアポをし、少しはアポは取れたものの、契約には至っていないのが現状だ。

「この人……アポ取れたらオイシイのにな」

契約内容の紙を眺めて溜息が出る。最初に取った契約のように、下取りできる古い契約を持つお客様は何人かいる。ただ、電話がいつもつながらない。50代男性と40代の女性だ。前者は平日仕事かもしれないから、土日に電話をかけてみるも、いつも「ただいま留守にしております」のメッセージが流れる。テレアポだけでなく、自宅に行って一筆箋にお手紙とハピ郎のティッシュを投函して、ピンポンを押すがまったく反応がない。いつ行っても人がいる気配すらない。主婦ではなく、働いているのだろうか。もはやストーキング行為に等しかった。毎日のように家を見に行き、電話をし、3日に1回は手紙を投函している。マズいとはわかっているが、ほかに契約が取れそうなあてがないのだ。ここにすがるしかない。

「その二人に絞らずに、契約もらえそうな人見つけなよ。いないの？　アンケートもらった人とか、友だちとか」

「ど、どちらもダメで……」

だって、本来勧誘のためのアンケートを私は、「絶対勧誘しないから書くだけ書いて」と言って頼んでいるし、友だちに至っては勧誘すらしていない。

「ハピフレは？」

「厳しいです」

保険に入りたい人を紹介してもらう制度は、「紹介しなくていいから」と頼み込んで名前を借りている。

「じゃあ、職域。アンケートもらえてないの?」

「はい……」

「なにやってんの」

割り当てられた担当職域には、毎日昼休みに出向いてハピノートから印刷したニュースや雑学の紙や、飴を配って距離を縮めつつアンケートを頼もうと試みている。

ガードが堅い。有村さん曰く、いい職域はベテラン勢が手放さないから、新人に回ってくるのは契約に結びつかないようなところばかりらしい。かく言う有村さんも、最初の職域は会社の共済が強く、つけ入る隙がなかったので、目につく会社に飛び込み営業をして、今行っている職域を見つけたそうだ。それを聞いて私も職域を開拓しようと飛び込み営業をかけるものの、全敗である。

だからもう、この二人に賭けるしかないのだ。

オフィスの壁の成績一覧を見る。ほかの人の名前の上にはいくつもの契約が貼られているのに、三上の名前の上にはなんの数字もないことが私を焦らせる。怠けているわけでもないのに、結果が出せない。どうしてこのお客様は私がこんなに足しげく通い、電話をかけているというのに反応がないんだと、虚しくなる。顔すら見たことがない名前と住所と電話番号、それから入っている保険の内容しか知らない人のことを考えるだけで、こんなにも心に雲をかけるのかとびっくりした。

〆切の日が近づくにつれ、私の行動からは常識や理性というものが抜け落ちていった。そう、音もなく落ちるものだから、私自身もその欠落に気がつかなかった。

「もしもし、ハピネス生命の三上です」

「ハピネス生命の三上です。いつも申し訳ありません」

「夜分にすみません。ハピネス生命の三上と申します」

新人は朝と夕方にテレアポタイムがあり、何軒どこの家にかけた、つながったかつながっていないか、つながったのならその反応を書いて提出する。数をこなして通話ボタンを押すのに躊躇《ためら》いがなくなり、胸の高鳴りも静まってきたおかげで、かなり慣れてきた。その2軒の家に朝昼夜、平日土曜日曜構わずにかけ続けた。普通ならそれは異常な回数だ。せめて1日1回だろう。それを超えたらさすがに迷惑だ。それに連日じゃなく、せめて1日あけろと冷静になれば思う。だが、そのときは正常な判断ができず、ただ祈る思いで「ルルルル」という発信音に鼓膜を揺らしながら半べそをかいていた。

そして〆切当日のある日。

「もしもし?」

40代の女性の電話がやっとつながった。叫びだしそうな気持でお客様の名前を何度も呼んだ。生き別れの姉にでも再会したような、そんな不思議な愛おしい気分だった。それにこれで契約が取れるとホッとした。今日がもう〆切だけれど、見直しの契約なら即決してもらえるかもしれない。私はグッとやる気を絞り出した。

「私、ハピネス生命の」

だが、お客様にとってはそうではなかった。

「知ってるわよ! 三上でしょ! 毎日毎日なんのつもり! こっちは姑の介護で毎日疲れてるっていうのにしつこく留守電残して、ウザったいわね! 私、保険屋は嫌いなのよ! 大嫌いなの! これ以上連絡しないで頂戴!」

こちらが何か言う間もなく電話は切られた。鼓膜が震えたまま、いたたまれない気持ちに打ちひしがれつつも、最後まで50代男性に一縷《いちる》の望みを託して電話をかけ続けるが、やはりつながらない。そして、最終締め切りの20日の16時を迎えた。

契約を取り始めて2か月目、8月はゼロで終わった。

16時5分になると、オフィス長はパソコンで支社の偉い人とのテレビ会議を始める。まず、今月のオフィス全体の営業成績と、ノルマの達成率を読み上げる。そして次に、未達成の人についての尋問が始まる。

「今月できなかったのは?」

「水田さん……神谷さん、有村さんです」

「1件も取れなかったのは?」

「小林さん、近藤さん、三上さんです」

そして、今度はなぜできなかったかの理由を聞かれる。

なぜってそんな明確な理由なんてない。農家の不作は天候が原因、とか理由がある。保険屋にはない。休日返上、サービス残業してもダメなときはダメだ。もはや、ほとんどが運。けれども、保険会社は営業成績がすべてだ。どれだけ「がんばりました」と言ったって、契約という結果が出せなければもうダメなのだ。

「水田はなにが原因?」

「体調が優れないと聞いています」

「先月もそう言ってたろ。病気か。診断書はあるのか」

「ないです。すみません。暑さの影響かと思います」

「次。神谷は」

「お子様が体調を崩してしまい、思うように営業ができなくて……」

なんと恐ろしい時間。ただただ、オフィス長が頭を下げて淡々と謝っている声がオフィスに響く。誰も無駄話でかき消してはくれない。ルミさんの下ネタすら恋しいけれど、彼女も黙々と仕事をこなしている。誰もがうつむき気味でハピノートを開き、タッチペンを動かしつつ、耳は確実にオフィス長の会話を集音している。

「有村は？」

「彼女も少し体調を崩しがちでして」

有村さんを顔は動かさず、目玉だけで盗み見る。震度2の地震が彼女のところだけで起きているのではないかと疑うほど、小刻みに震えている。耳たぶからぶら下がる小さなイヤリングの石が、振り落とされそうなほど揺れる。思わずその顔を覗き込む。合っていない焦点の目からボロボロと止めどなく、音を立てるように涙が落ち、顔を両手で覆い、勢いよく前のめりになり、ゴンと机に額のぶつかる音が響いた。

打ちどころが悪くて死んでしまったかのように動かない。そうしている間も皆、何食わぬ顔をして仕事を続け、オフィス長は顔色一つ変えず、「三上さんはまだ不慣れでして、これからサポートしていきます」と私のことで頭を下げている。それはいたたまれないし、申し訳ないけれど、それどころじゃない。

生きている人間とは思えない、まるで体を糸で吊るされた人形みたいな不自然な動きで有村さんは体を起こして、突き上げられたみたいに勢いよく立ち上がった。顔は死者の色で、涙を垂れ流している。そして、そのままトイレのほうへと走っていく。

「有村さ……」

「どうしてこんなに成績出せねぇんだよ！　このオフィスは！　仕事なめてんのか！　ふざけてんのか！　オフィス長がそんなんだから成績が出ねえんだろ！　しっかりしろよ！　おい！」

彼女を追いかけようとするが、パソコンから響くその剣幕で思わず体が動かなくなる。

「すみません、私の指導不足です」

「もっと本気で活動しろ、させろ！」

「ごもっともです。申し訳ありません」

オフィス長はただ謝るだけだった。女性が活躍する職場？　キラキラしたやりがいのある仕事？　ここって本当にあの憧れていたハピネス生命？　確かに、女性が多くて母親や妻でありながら仕事に打ち込んでいる人は多い。けれど、要は女性を便利な駒にしていて、支社で私たちを動かしているのはほとんどが男性だ。そして今、その男性の酷い怒鳴り声が響いている。パンフレットで抱いた、ハピネス生命という会社への憧れにヒビが入る音がした。

「だ……大丈夫ですか」

嗚咽《おえつ》がするトイレの個室をノックする。反応はない。その代わりに嗚咽音が、叫びのような泣き声へと変わる。ノルマは単なる目標じゃない。ここではノルマが達成できて初めて生きていることが許される。ノルマが達成できないと、ここでは存在価値が薄らいでしまう。そんな世界だったのだ。

第2章
告知義務

10

「おはよう」

「も……もう大丈夫なんですか」

「なんのこと？　私はいつも元気でしょ」

翌日、有村さんは、あんなことがあったというのに、何食わぬ顔で相変わらずいい香りをさせて、かわいらしいファッションで出社してきた。甲高い声でテレアポをしている。昨日のことがまるで悪夢みたいだ。

壁を見ると8月の成績がリセットされて、9月がスタートしている。誰一人として契約が取れていないまっさらな壁だ。この状態が一番安心する。皆が契約を積み上げて、自分だけが契約が取れていない状態の壁は、目に入るだけで心臓に悪い。ずっとこのままでいいのに、とすら思う。ただ、それでは会社が滅んでしまう。私の名前の上に契約を積み上げなくっちゃ。

「またまたアンケート取りに行かない？」

「えっ」

「行こうよ。今月がんばらなくちゃでしょ、お互いに」

「はい」

ネットの電話帳に頼らずに、駅前の大通りで行き交う人に声をかけまくった。彼女は人当たりがよく、感じもいいから足を止めてくれる率が高かった。すごい、あんなものに頼らなくても実力があるじゃないか、と思っていると電話が鳴る。通話ボタンを押す。同期からだった。

「ねぇ、ごましおちゃんのこと、なんか聞いてない？」

「え？　なにを？」

「……き、消えちゃったんだって」

「き、消えた……？　辞めたってこと？」

「ううん。オフィスに来なくなって、音信不通で。オフィス長とマスターが家に行ったけど、もう引っ越したあとでどこにいるかもわからないんだって。あの子、地方から上京して来てたから、こっちに知り合いいなくて営業成績が思うようにいかなくて悩んでたみたい。ねぇ、みかんちゃん、一番仲良かったでしょう？　なにか知らない？」

「う、ううん、私はなんにも」

この仕事に憧れを抱いて入社した彼女がどうして……。

憧れを抱いていたからこそ、現実に打ちひしがれてしまったのだろうか。外から見る世界と、内側から見る世界はちがう。それは身をもってわかっている。さすがにショックだ。仕事上の同期とはいえ、友だちみたいに思っていたのに、なんにも言わずにいなくなってしまうなんて。せめて相談してほしかった。

ごましおちゃんの電話番号に発信してみる。

「おかけになった番号は現在使われておりません」。

メールもエラーで戻ってきてしまうし、既読もつかない。

「誰から？　マスター？」

「いえ、すみません……私用で同期からで……」

そのことを話すと、有村さんの顔からスンと蠟燭の火を吹き消したみたいに笑みが消え、

「いいなぁ」

と、暗く漏らした。

「有村さんも辞めたくなりますか」

「……そんなことないよ。やりがいのある仕事だし。お客様が大切だもの」

あの一件から、少し言動に引っかかるものがあった。前までは純粋に、「ステキだな、憧れ

るな」と思えたのに、今はその異様な前向きさが痛々しいように見える瞬間がある。まるで自己暗示だ。自分に呪いでもかけるべく明るく振る舞っているみたいな……。

「……あのぉ」

そのとき後ろから声をかけられた。30代半ばくらいの小柄なショートカットの女性だった。アンケート取りで街頭に立つとき、私たちは行き交う人に九官鳥のようにピーチクパーチクと声をかけるけれど、話しかけられることはまずない。むしろ、「うわ、保険屋だ。勧誘される」と、霊柩車を見たら親指を隠すのと同じように条件反射で逃げられる。

そんな私たちに話しかけてくる人がいるなんて、なんだろう？　もしかしたら、有村さんの知り合いかなぁ。

「保険会社の方……ですよね。いきなりすみません、私、保険に入りたいんですけれど」

「え、あ、はい！」

頼れる先輩に目配せすると、有村さんは、すかさず１００点満点の笑顔ですぐそこの喫茶店を指さした。

「もしよろしければ、そこで詳しくお話ししませんか」

「はい、お願いします」

彼女は33歳の会社員で、来月結婚するという。自分の両親からも、旦那の両親からも結婚するならちゃんと保険くらい入っておけと言われて、今は近くのイトーヨーカドーの中にある保険ショップに行ってきた帰りだと教えてくれた。

涼しい店内、アイスコーヒーでグビッと喉を潤わせて私たちは確信した。この人いける！

一つの契約を二人で取る場合は、成績も÷2され、1件ではなく0・5件というカウントになる。0よりはいい。

大変な仕事だけど、3年は辞められない。だから私は契約を取らなくちゃ。

「女性特有の乳がんや子宮のがんの病気の際には」

「こちらはがんの初期段階である上皮内がんでもがんと同様の保証が」

繰り広げられる、怒涛の営業トーク。お客様（仮）は、一つひとつの説明に丁寧に「はい、はい」と答えて、

「それでお願いしたいです、私、今週でお休みの日は……」

と、スケジュール帳を取り出した。

うまくいきすぎじゃない？　急に怖くなった。もしやこの人、保険屋をもてあそぶのを楽しんでいる人間に化けたキツネかタヌキでは？　そう訝《いぶか》しんでいると、この旨をメールで伝えて

あったマスターから着信があった。

「ねぇ、その人、大丈夫そう?」

喫茶店の外に出て着信ボタンを押すと、開口一番疑いの声が聞こえてきた。

「大丈夫……そうですよ……感じの良い人ですし」

もし、キツネかタヌキだとしたら、その世界の通貨は葉っぱだろうか。葉っぱで保険料を払われるのは困る。けれど、契約になるのならば逃したくはない。

「感じの良い悪いは問題じゃないから。いい? 自分から保険に入りたがる人ほど、怖いもんはないわよ。自殺して保険金を遺そうとして加入してくる人とかもいるし」

「でも、これから結婚するっていう方ですし、自殺して保険金なんてふうにはとても……」

「その人がカタギの会社員でも、実は彼氏がヤクザかもしれないじゃない。保険金のため、女を保険加入させるヤクザとかもいるって聞くわよ。ちゃんと掘り下げて、どうして入りたいのかしっかり聞かなきゃ、話進めちゃダメよ」

保険に入らせろと言ったり、入りたいという人を疑ったり、なんて難しい世界なのだろう。

席に戻り、オブラートに包んでどうして保険に入りたいのか? を聞いてみた。すると、

「ハピ郎が好きで」

なんとも予想外なお答えだった。

「コマーシャルを見て一目惚れしちゃって。保険に入るならハピネス生命さんがよくて。でも、保険のお店に行ったら取り扱いがなくって、どうしようかな。会社に電話して資料とかもらおうかなって思ってたら、ちょうどハピ郎グッズを鞄につけてる方がいらしたから……声かけてみたんです」

有村さんの仕事用の鞄には、ハピ郎のマスコットがついている。こいつのおかげか！　私が就活生時代に足を止めたきっかけといい、なんとも罪深き熊である。でもよくやった、ハピ郎よ。彼には意外とファンが多く、そのグッズは既契約者の定期点検に行く際にも喜んでもらえるし、今回は契約まで運んでくれた。理由もわかったし、これで一安心だ。希望の保険内容を伺い、オフィスに戻りハピノートの画面に彼女の名前、生年月日を打ち込み、保険商品を作る。

「死亡保障は500万でいいですよね」

「私たちの募集手当的にはもうちょい上げたいけど、結婚したら専業主婦ならそれくらいだよね……保険料的にもこれ以上は上げられないしね」

「あと、先進医療特約はつけますよね」

「もちろん」

保険を作るのは、保障をいくらにするか、特約をつけるかつけないか、まるでパズルのように数字を入力していく。お客様の予算内にいい内容で作らなければいけないので、あれをつけるか、これは外すかと試行錯誤してやっといい保険が作れる。いい保障内容、お客様の希望通りの保険料、そしてなおかつ、いい募集手当の商品が作れると達成感があるけれど、結局は加入してもらわなければ、達成感と書いて、ルビは「むだ」になる。

「忘れ物ないね?」

「はい! 契約ファイル、約款DVDに、ご契約のしおり、封筒、書類、オッケーです」

「ちょっとカーデックスは!」

「あ、今リーダーに借りてきます」

二人で作った契約は、マスターにもオッケーをもらえ、アポの日を迎えた。保険の契約を取るアポのときは荷物が多くなる。お客様の家に伺い契約をもらうから、とにかく忘れ物は厳禁なので用心に用心を重ねる。

「リーダー、カーデックスお借りしてもいいですか」

カーデックスという、初回の保険料を引き落とす機械はチームごとに2台しか支給されず、リーダーが管理している。

「ええ、もちろん。二人ともがんばってね」

にっこり笑いながらこっそりと私の手に、２つカントリーマアムの包みを乗せてくれた。

「これ応援のきもち」

「ありがとうございます」

戦にでも行くような気分でオフィスを出た。

「任せちゃったけど、契約のお礼はどんな感じのにした？」

「ハピ郎グッズ、たくさん詰め込んじゃいました」

降りるエレベーターの中で鞄からラッピングされた透明の袋を取り出す。その中にはハピ郎のハンドタオル、食器用のスポンジ、ミニぬいぐるみ、文房具をたくさん詰め込んである。

「これだけいっぱいすごいね。いくらくらいかかった？　私半分出すよ」

「あ、大丈夫です。支社からもらったのばかりなので」

驚くことに保険会社の社員がお客様に配るティッシュやタオル、カレンダーといったグッズは、すべて給与天引きの自腹だ。抱えている顧客の多いベテラン層の中には、年末にカレンダーを自分のお客さんに配るため１００枚も２００枚も購入し、その月のお給料がほとんどゼロという人もいるという。

新人の間は支社から支給されるものの、どれも昨年の残り物や、不人気グッズだったりする。

あのハピ郎好きのお客さんには最新のかわいいグッズを渡して喜んでほしかった。グッズを購入するときは注文票に記入をして内勤さんに渡し、届くまで最低1週間はかかる。だから最新グッズを持っている隣のチームの先輩に頼んで、買ったのだ。有村さんが主導で保険商品を作ってくれたから、気を使ってそう嘘をついたのだ。

「これ最新のでしょ、こんないいのを支社がくれないよ。誰かから買ったんでしょう」

と、私の思惑は簡単に見破られ、有村さんは1000円を握らせてくれた。

「でも」

「いいの、いいの、取っておいて」

扉が開いて、とにかく重たい鞄によろめきながらも、お客様の自宅へと歩いた。

「本日はお時間を頂きありがとうございます。では、ご契約の内容のご説明をしていきます」

オフィスと反対側の出口にある小さなアパートの一室で、お客様と向かい合う。

「保障内容は前回お伝えした通り、万が一の際の500万、ご入院1日10000円、こちらは日帰り入院……たとえば、熱中症になって点滴だけして帰ってきた……といったケースにも対応しています。続いて手術の際ですが」

「はい、大丈夫です」

「では、こちらにご署名お願いします」

契約はすべてハピノートでおこなう（提携している会社のがん保険や損保商品は紙）。印刷してある保障内容と同じものが画面に浮かび、タッチペンで署名する。淡々と事務作業が進む。主導は有村さんであり、私は横でうなずいたりする、いわばアシスタント的なポジションではあるものの、緊張で胸が高鳴っていた。

契約をもらったのはまだ両手で数えるほど。いつも心臓がバクバクする。マスターにそう言ったら怒られた。契約をもらうのが特別なことになってしまっているから緊張する、それが当たり前に毎日こなしていれば緊張なんてしないんだと。とはいうものの、当たり前のように毎日契約なんてもらえるわけがないし、契約をもらうのはやはり特別なことだ。それに保険は一生物の商品だから、この契約がお客様のこれからの人生にずっと寄り添っていくのかと思うと、ひよっこ保険屋は身が引き締まって胸が高鳴り、のどが渇くのを抑えられない。

「次は告知に移りましょう」

必要な事務作業が終わり、最後に待っているのが、告知だ。

がんになったことはあるか？　入院を最近したか？　持病はあるか？　医者にかかっている

か？　などを入力する。

「お若いから特に入力することもないかとは思いますが……」

「そうですね……特別大きい病気や怪我はしたことないです」

　タッチペンを渡し、滞りなく入力作業は進んでいく。特に告知することもなければなんの入力もなく告知は終わる。このあと、初回の保険料をカーデックスで引き落として、契約のしおりと約款、そして、ハピ郎グッズを渡したら終了だ。1、2週間以内には保険証券が届くので、証券到着確認としてもう一度訪問するだけ。私はハピ郎グッズを早く渡したくてソワソワと鞄の中を覗きつつ、告知が終わるのを待った。

　しかし……。

「あ」

　タッチペンを持つ手が止まった。

「持病って言っていいかわからないんですけれど……」

彼女は去年、皮膚に違和感を覚えて皮膚科に行ったところ、皮膚系の疾患がわかり、もう完治はしたものの一時期薬をもらっていたと、聞いたこともない病名を口にした。告知義務というのがあるため、どんな些細な事由でも、問われている期間に病院にかかっていたのならば包み隠さず答えなくてはいけない。持病があると聞きながら、入力させないことは違反だ。

「じゃあそれも入力しちゃいましょうか」

そして、無事に契約が終了した。お礼に渡したグッズも喜んでくれた。少し談笑し、お客様宅を出た。

「私、告知のあるお客様初めて見ました」

オフィスに戻るべく歩みを進めつつ、心配を口にする。今までもらった契約者は皆、最近は病院にまったくかかっていないと告知する。なので、いつもすべてが「いいえ」にチェックして契約が完了していた。告知があるお客様は初めてで、少々不安になった。入力した告知は本社にある医務課に飛ばされ、保険に加入できるかどうかを査定される。

「大丈夫ですよね」

「大丈夫。だって、告知したの皮膚でしょう？　臓器ならともかく……。私、前に高血圧だけど薬飲んでる方が告知しても、無条件で契約もらえたよ」

なら大丈夫だろう。それよりこれ以外の契約をどうしよう。テレアポしなくては。

オフィスに戻ると、成績が書き出されるホワイトボードには、「有村・三上」の文字が見えた。営業成績一覧にも÷2された契約が張りつけられている。うれしいけれど、まだ0・5件の契約しかない。

「三上さん。イベント集客やってる?」

「……あっ」

「あっ、じゃないわよ、成績も上げられていないのに、イベントも呼べてないって、なんにもできてないじゃない。とにかく人呼んで、契約取れそうな人」

手渡されたチラシには、「ハピネス生命オフィスイベント・ケーキバイキング」とある。ケーキを食べるハピ郎のイラスト。オフィスでは月に一度イベントをおこなっている。

ケーキバイキング、野菜の詰め放題、ミニ縁日、アクセサリー作り、占い……。そして、契約ノルマ同様、チームごとにイベント集客ノルマがある。契約とちがって給与には反映されはしない。

ちなみに、イベントと銘打っているが、つまりは契約見込みの開拓である。ケーキを無料で食べられる代わりに、勧誘が待っているのだ。「わぁ、大きな会社って参加費無料でこんなイベントやるなんて太っ腹」と、はじめは考えなしに友だちを呼んだものの、がっつり勧誘されて疲れ切った友だちの顔を見て、これはイベントと言いつつイベントにあらず、と胸に刻んだ。しかし、チームにノルマがあるから呼ばなくてはならない。呼べないと連帯責任で皆も怒られて、迷惑をかけてしまう。

人を呼びたいのならば、ホームページや区の広報誌にでも広告を打てばいいのに、なぜかそれはダメなのだ。一度、ＳＮＳに「イベントやるから興味がある人来てね」と投稿したら、どこからか、かぎつけたマスターに怒られた。地道に一人ひとり声をかけてお誘いして、来ていただかなくてはならないと……。

そもそも、平日の10時から16時までのイベントなので、会社員の友だちは来られない。今まで呼んだ友だちは皆、仕事がシフト制で平日休みの子ばかりだった。だが、勧誘に疲弊した姿を思うと、もう声はかけられない。どうしよう……あ、そうだ。

「はい、ＱＫＪです」

「もしもし、弥生さん？　みかんだけど……無料でケーキ食べたくない？」

廊下に出て、友だちではないが、気が置けない存在の弥生さんに電話をかけた。

「ケーキ？　食べられるなら食べるけど？」

「会社のイベントでね、必ず一人呼ばなくちゃいけないの。上司から勧誘されるかもだけど、うまくかわせばいいから！　来てくれないかな……次の水曜。水曜ならお店休みだよね……あ、でも仕込みとかある？」

「別にいいけど。新しいバイトも入ったし。人の話を聞き流すのは得意だから。でも絶対、保険には入らないよ」

「うん！　ただ来てくれればそれで！」

本来はケーキ代にオフィス経費を使っているわけだから、契約の見込みがある人以外は呼んじゃいけないらしいし、こういう誘い方はいけないと思う。ただ、呼べないよりはずっといい。誰もお客さんを呼べない人は、その日一日、オフィス周りで道行く人にイベントの勧誘をしなくてはいけない。それにただでさえ契約が取れずに足を引っ張っているので、イベントのノルマくらいには貢献したい。

「マスター、イベント集客一人決まりました」

「保険入ってくれそうな人？」

「……未加入なので勧めてみます」

嘘である。私は嘘をつくのが下手で、すぐ顔に出るからババ抜きのできない女だった。だが、保険会社で働くようになってからは、次第に嘘をつくのがうまくなってきた。

「村上チームは呼べていないの、有村さんだけだよ。絶対呼んでね、絶対ね」

名指しされた有村さんは、お客さんに配るためのティッシュを袋詰めする手を止めて、力なく「はい」と笑った。

「大変、大変、マスター。本社から今、連絡があって……」

そのとき、契約や保全の事務手続きをおこなう事務職員さんが二名常駐しているブースから、小柄で赤いふちの眼鏡をかけた内勤の水野さんが、血相を変えて届いたばかりのファックスを片手に駆けてきた。

「何事？」

「……条件付きです」

「え？」

「条件付き契約が出ました」

「はあ⁉」

条件付き契約……。それは読んで字のごとく、保険の加入に条件が付くことだ。スタントマンのような、会社員に比べて危険が伴う職業は、保険料が高くなる。告知した持病や通院状況によって、お客様に提案した通りの契約で加入できなくなる。

たとえば、「部位不担保」。胃が悪くて服薬していることを告知した場合、何年間は胃が原因で入院や手術した際に保険金が出ない、といった条件が付く。条件付きになると、「それなら今回は契約はなかったことにして」と言われるパターンが多いらしい。告知がある契約を抱えている私たちは、思わず身構えた。

「誰の契約⁉」

「有村さんと、三上さんのです」

まさか……だって皮膚の持病だって言っていたのに。条件が付くなんて……。0・5件でも契約があることによって通っていた私の体中の血液が、サーッと引く音がする。それは彼女も同じらしい。「ウグッ」という、かわいいルックスに似合わぬ、吐くのを我慢しているような音が漏れた。

「それで、条件は」

冷静にマスターが聞く。そうだ、まだ条件がなんなのかわからない。もしも皮膚に関することだけ部位不担保とかなら……条件を飲んでくれるかも。

「契約料増です」

「……いくら？　あぁ……こりゃ、契約落ちるわ」

条件は「契約料増」。契約料を多く支払えば、この契約を会社が受けるというものだった。その金額は1・5倍。明らかな予算オーバーだった。

「この人のアポ取って。私も一緒に行ってお客様に説明する」

有村さんは茫然として動かなくなってしまった。

「こ、この条件飲んではもらえないでしょうか」

「無理。だって予算オーバーしてるし、この人もうすぐ専業主婦でしょ、高すぎる。ほかの審査甘い保険会社に行っちゃうよ」

「……条件って本社に頼んで甘くしてもらえないんですか、せめて皮膚の部位不担保とかに」

「無理。本社の医務部が決めたことには逆らえない」

「そんな」

「ベソかくくらいならこの契約はもうないものとして、テレアポや投函して。有村、あんたも！」

せっかく保険に入りたいって声をかけてくれたのに、私には何もできない。できることがあるとすれば、保険ショップで持病がある人でも加入できる他社の保険商品を調べてお伝えすることくらいだ。けれど、それは個人のお節介であって、ハピネス生命の社員の仕事ではない。入社して初めて会社にムカついた。成績至上主義に疲れることはあったが、腹が立つのは初めてだった。契約を取れ取れと言うくせに、取ってもこうやって突き放すなんて……。

お客様はやはり条件を飲んでくださらず、契約はなくなってしまった。マスターが、俯く私たちの傍らで条件を飲んでもらえないかと働きかけてはみたものの、1・5倍の保険料……もしも私がお客様の立場でも、首を縦には振れないと思った。

それにお客様はもうすぐ結婚されるわけだ。マイホームが欲しいかもしれない、新婚旅行に行くかもしれない、子どもを望んでいるかもしれない、お金がかかる。するかわからない入院や、なるかわからない病気にこの金額は……他社なら持病があっても安く入れたりするから、そのほうがいい。自分を納得させたけれど、「ハピ郎が好きだから」と声をかけてくれたお客様の顔色がどんどん曇っていく様は、一生忘れられない。

「もう気持ち切り替えるよ。オフィス戻ってテレアポね」

マスターは車のハンドルを握りながら、バックミラー越しに後部座席にいる私たちに言う。

「有村、聞いている?」

「……よね」

「なに」

「持病なんて告知させなければよかったですよね」

「自分がなに言ってるかわかってる⁉」

契約時に持病や入院歴をありのままに告知させないのは、「告知義務違反」だ。クビになる可能性すらあるタブー、募集事故である。

「だって、持病告知させちゃったから、この契約なくなっちゃったじゃないですか！」

「それは違反。違反したらオフィスにもどれだけ迷惑がかかるか、大会で見てわかってるよね、それにお客様にだって」

「……知るか、クソ」

その言葉はポソッと、運転席には聞こえないボリュームだったけれど、確かに聞こえた。

「有村……さん？」

頬杖ついて、目玉だけでこちらを見る。表情だけで「なに？」という。何も言えなかった。

その日から彼女は変わってしまった。壊れたというのがしっくりくるかもしれない。自席で急に泣き出したり、朝礼中に過呼吸を起こしたり。苦しそうに肩で息をする彼女を、リーダーやマスターは慣れた様子で応接室のソファに寝かせ、呼吸がしやすいようにブラウスのボタンを外し、ブラジャーのホックを緩め、こう言った。

「よくあることよ」

まるで当たり前みたいに……。

11

「空気重っ……。無料のケーキがなかったら来たくないわ、こんなところ」

イベント当日。オフィスの机はお誕生日会のように合体し、赤やピンクの布がかけられ、ハピ郎ぬいぐるみが鎮座し、ショートケーキ、タルト、ティラミス、クレープ、業務用の大量のケーキが並ぶ。一見ステキなパーティ会場。でも壁の営業成績一覧、天井から垂れ下がる営業目標は、剥がされることがないので、なんともカオスだ。結婚式場に香炉が置かれたみたいな、異様さ。そんな空間を見渡しつつ、弥生さんはもぐもぐと容赦なく紙皿いっぱいのケーキを取っては、頬張る。

「弥生さん、来てくれて本当にありがとう」

SJ達成目
○○○万実働

「ま、ケーキたらふく食えば一食分浮きそうだしね。それより、あの壁に貼られた営業成績……めっちゃ怖いわ。みかんのはどれ？　あれ？　本名だったっけ？」

「三上杏です」

「……三上……今月1つも契約取れてないじゃん」

「だから気を付けてくださいよ、今日、絶対勧誘されるから。保険入っていないうえに自営業の人なんて絶好のカモですから」

「なんで？」

「老後、会社員は国民年金＋会社の年金があるけれど、自営の人は国民年金しかなくて老後の資金が足りないんだって。だから年金保険とか勧められそうだし、そもそも保険未加入ってだけでいい餌食になります」

「凄いね、保険屋みたい」

「保険屋ですもん」

「ていうか、そんな危ないところによく私を連れて来たな」

「すみません……でも、のらりくらりとかわしてくれるかなぁって」

「まぁ、悪いけどがんになるとか、死ぬって脅されても入ろうと思わないからね、保険」

予想通り、上条マスターはニコニコと、会社説明会で私に向けたのと同じ笑顔を顔に貼り付けて、「こんにちはぁ」と猫撫で声で勧誘を始めた。

「まだイメージできないでしょうけれど、老後には備えてます？」

「いや、全然」

「自営業なんですって？　会社員に比べて年金が手薄だから、今から積み立てていったほうがいいですよ。ちなみに、医療保障もお持ちじゃないんですって？」

「あぁ、はい」

「若くてもがんになったりするのよ。若いと進行が速いから、いい保障を持っていないと……」

「別にそのときは潔く死ぬんで」

「え！　そんなこと言ったらご両親が悲しむわよ。そういえば彼氏はいるの？　結婚するときにもちゃんとした保障を持っていたほうが」

「彼氏はいます。でも、結婚しようとは思わないんですよ」

「ええ、どうして？」

「相手の人生を奪いたくないんで。結婚って、相手の人生奪って自分の人生渡すことでしょう？　私、彼氏のことは愛してるけれど、別に人生はいらないんです。今、他人として一緒に過ごしているので全然満足で、妻や夫にはならなくていいかなって。それに苗字変えるのも面倒そうだし、自分がその面倒を負いたくないし、相手にも負わせたくなくて」

「そ、その状態じゃ、いろいろ大変じゃない？」

「でもこれがいいので。それにもし保険に入るとしたら、受取人は籍の入っていないうちの連れじゃダメで、親とかになっちゃいますよね？　親とは折り合い悪いんで、そういう意味でも保険興味ないんですよ」

　弥生さんはケーキ片手に淡々と語り、どんなお客さんにもその口でペラペラと語る言葉で渡り歩いてきたマスターを言い負かした。こいつは見込みなしと判断したマスターは、「じゃあ、ごゆっくり」と私を睨みながら立ち上がり、別の人が連れてきたお客さんのところにハイエナのように向かって行った。

「本当に今日は助かりました。今度、店で一番高いお酒頼みます」

「いいよ、ホストやキャバじゃあるまいし」

　駅まで弥生さんを見送り深々と頭を下げた。彼女の手にはマスターに、「読むだけどうぞ」と押し付けられた保険のパンフレットの入った袋がある。

「あ、それは読まなくていいですから。なんなら私がこっそり捨てましょうか？」

「入らないけど目だけ通すよ。それにしてもやばいな、保険屋。みんな人当たりよく笑ってるけど、目が座ってて作り物みたいでなんか不気味だった。で、あんたはいつまであの仕事するの？」

「わかんないけど、３年はがんばってみるつもりです」

「あんまり長くいないほうがいいよ。みかんもあんなふうになったら嫌だよ」

「は、はい」

「じゃあ、また店来てね。新しいバイトの子、面白くていい子だから紹介するよ」

オフィスに戻ると、イベントはあらかた終わっていて、皆が後片付けする一方で有村さんが奥で甘くかわいいケーキとは相反する悲痛な声を上げていた。

「どうして入ってくれないの！　入ってよ、今月取れないと困るの！　なんでもするから！」

私も契約取らなくちゃ……。でも、あてがない。担当地域の家は、「セールスお断り」のステッカーが貼られているところ以外、行き尽くした。〝オイシイ〟既契約者に電話はつながらない。職域も相変わらず。街頭で声をかけたりするものの、保険屋だと名乗ると逃げていく。

どうしよう。とはいっても、友人らに声をかけるのは躊躇《ためら》う。

「ちょっと有村に声下げるように言ってきて、まだお客さん、いるんだから」

マスターに指示されて用件を伝えに近づく……ものの、声をかける前に電話を切った。そして、また涙を流した。有村さんは、そのまま涙を拭うことなく、トイレのほうへと向かった。ケーキを食べていたお客さんらは、禍々《まがまが》しいものを見る目で彼女を見たけれど、社員たちは気にも留めない。

「三上」

追ってトイレに向かおうとするも、マスターに呼び止められる。

「なんで今日、保険に入る気がない人を呼んだの？」

「あ、あの集客ノルマが……」

「ケーキも経費から落ちてるんだから。ちゃんと保険に入りたい人を呼んで」

そんな人いない……それに皆、集客ノルマのために姉妹や両親とか呼んでいるのにな……。

「まぁ集客できていない人もいるから、どんなお客でも集客できたってことはいいけれど。で、次いつ契約取るの？」

「まだアポが取れていなくて」

「ねぇ三上、友だちいる？　さっきの子しかいないってことないよね。もっとイニシャル……

友だちとかに当たりなよ。関係性ある人のほうが勧めやすいよ。それに同い年の友だちなら、社会人1年目でしょ。保険入りどきじゃん。きっと会社にも保険屋が来てるよ。その人に取られるより、友だちである三上から入ってもらうほうがよくない？」

「え、イニシャルは……ちょっと」

というものの、壁の成績一覧、自分の名前の上に契約がないのを見ると、やはり焦る。また私のせいでオフィス長が怒鳴られたらどうしよう。各オフィスにあてがわれたノルマ、それをチーム数で割り、さらにチーム内で勤続年数によって請け負い分を決める。1年目の私の請け負いは、5年目や10年目の人に比べたら微々たるものだ。けれど、それすらこなせずチームの人に私のできない分を埋め合わせしてもらっている……申し訳ない。それならいっそのこと友だち……と、魔が差してしまいそうにもなる。皆、私が保険屋になったことを知らないから連絡が来ないだけで、実は、友だちのあの子もこの子もみんな保険の加入を考えているのでは……と。

「どうしてイニシャルに勧めるの嫌なの？　大事な存在なんでしょう。なら、保険に誘ってあげなくちゃ」

「……へ？」

「だって、友だちが病気で苦しむところ見たくないでしょう？　保険に入っておけば、もしものときに困らなくて済むのよ。若いほうが保険料も安いし」

「でも……」

「ねぇ、なにか勘ちがいしていない？　自分のノルマや成績のために友だちに迷惑かけちゃうとか思っていない？」

「それは少し……思います」

「フフッ……そうじゃねぇから。保険は私らのためじゃなく友だちのために勧めるの、友だちが困ったりしないように、だから、友だちが大事なら保険を勧めまくらなくちゃダメなんだよ」

その言葉に、目から鱗が落ちた。なるほど。ノルマのためじゃない、友だちのため。あとから成績やノルマがついてくるだけ。それなら声をかけたって問題がない。そう思うと、この数か月、押し殺してきた罪悪感が消えた。

私は友だちにそのことを踏まえたメッセージをコピー&ペーストして送りまくった。

友だちのためにいいことをしている、だって病気になって困る友だちを見たくない。がんを的確に狙い撃つ最新医療なんて受けたら何百、何千万だ。ハピネス生命の最新医療特約なら、

2000万円まで出る。そう思うと、「実はちょうど保険を考えていて」「保険入りたいの」という返事が来る気がした。けれども、一向に返事はなかった。

既読だけはついている。だが、あるグループLINEを見ようとして違和感に気づいた。それは大学の同級生らのもの。よく見ると、メンバーが一人減っている。心臓がざわめく。まさか……震える手、指先でトーク画面を開くと……。

【ゆいが三上杏を退出させました】

の文字。そして、もうグループLINEは見られなくなった。追放されてしまった。そこでハッと我に返る。私からは友だちのためでも、友だちからしたらただの迷惑な勧誘でしかない。「相手がどう思うか考えて行動しましょう」なんて幼稚園でも習うことなのに、それが今、頭から抜け落ちていた。

どうしよう、どうしよう、謝らなくちゃ、追放されたら大学の友人らとのつながりが絶えてしまう。

「なにやってるの、私」

「退出させました」の文字に泣きそうになる。悔しい？　悲しい？　わからない。謝らなくちゃ、謝ってグループＬＩＮＥに戻してもらわなくちゃと、そのグループＬＩＮＥに入っている友人に個別にメッセージを送ろうとする。一方で、「自業自得だろ」とも思った。卒業後は、同窓会の連絡や思い出話、近況報告に使う場なのに、脅し文句の営業で汚したのは、まぎれもない私だ。もしも私がそれを言われた側ならば引くし、ちょっと軽蔑すらする。追放されても文句は言えない、被害者面はできない。納得してしまう私がいる。こっちは皆のことを心配してやってるのに、いきなり追放はないよ！　病気になっても知らねぇぞ！　と、逆切れしている私もいる。どっちが本当の私なのだろう。追放だけでなく、数人からブロックや着信拒否をされ、恩師からは「君はダメになった」と言われ、なかには、「勧誘するなら友だちやめる」とストレートに宣言してくる友人もいた。追い詰められる。とはいえ、落ち込んだり、悲しんだりしている間にも〆切は近づいてくる。

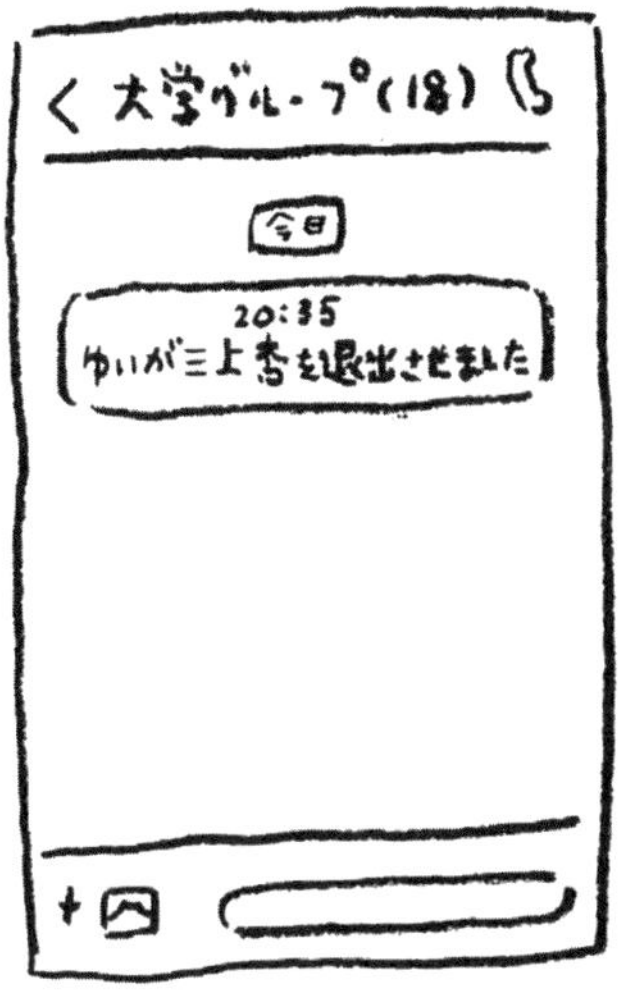

泣いている暇があるのなら、1件でもアポを取らなくてはならない。

12

〆切前の土曜日。オフィスには小さなお客さんがいた。それは、ベビーカーに乗せられて指をしゃぶる赤ちゃんや、九九のプリントに取り組む小学生たちだ。

「このお姉ちゃん、見たことない！　なんて名前？」

「えっと、三上杏です。よろしくね」

「杏ちゃん！　ねぇ、メアリと遊ぼうよ」

幼稚園の年長くらいのその子は、オフィスに来慣れているらしく、まるで家のように過ごしていて、社員の顔と名前もほとんど把握しているから、見慣れない私のスカートを掴んでそう言ったのだ。

「こら、ここはお仕事のところ！　遊ぶところじゃないの。ごめんね、みかんちゃん」

「えー、遊びたい」

「あっちで『プリキュア』でも観てな」

母親である先輩社員は私に頭を下げつつ、我が子を自分の隣に座らせて、スマホで『プリキュア』の動画を見せ始めた。画面を凝視しおとなしくなる。

〆切前の土曜。本来、土曜は休みなのだけれど、〆切前は暗黙の了解でノルマが達成できていない面々は出社し、テレアポをする。給与にはならないサービス出勤。してもしなくてもいい出勤だけれど、保育園が休みだから幼子を連れて、ママでもある先輩らが出社している。だからこそ、ノルマもできていないママでもない私が出勤しないわけにはいかない。昼が近くなると、ベビーカーの赤ちゃんがギャーと泣きだして、「すみません、おっぱいあげてきます、第二応接室借ります」と先輩社員は母親の顔になり、赤ちゃん片手に消える。しばらくすると帰ってきてまたテレアポをする。女性が働きやすいと謳う職場。確かにそうだ。だが、何かが歪んでいる。働きやすさを餌にして、コキ使っているような。私は相変わらずアポが取れず、九官鳥のごとく「ハピネス生命の三上です」と同じ言葉を繰り返している。どうしよう、ノルマが達成できないどころか、今月も契約ゼロかも、あぁ、やっぱりあの契約が条件つきにならなければ……。0・5とはいえ契約があったのに……。いや、ダメだダメだ、告知を正しくさせないのは違反！　お客さんにもオフィスにも迷惑をかけちゃう。真面目に、もっとがんばらなきゃ。しかし、休み返上で電話を鳴らし続けたのに、アポが1つも取れぬまま、夕方になってしまった。休みを捧げたのに、ただ時間だけが過ぎてなんの結果も残せていない。今日一日が無駄に思えて、やるせなくなっていると、

「三上」

上条マスターに呼ばれた。マスターは別に今日出勤の義務はないけれど新人層に契約取らせる立場、いわば鵜を操る鵜飼なので、今日も新人層の監督のために休み返上でここに来て、ときどき、子どもからの着信に、「そう、お昼は冷蔵庫！　夕飯はばぁばの家ね」なんて返していた。

「今日アポ取れた？」

「すみません」

「もう〆切だけど。どうすんの。２か月連続ゼロ？」

「この方が見直しできる既契約なので……最後まで諦めずに追うつもりで」

「あぁ……もう何年も新人に振り当てられてはつながらない人ね」

そんな……じゃあ、もう本当に見込みがない。どうしたら……どうしたら。

「ねぇ、見て」

契約内容の書かれた紙を差し出される。見たことがないお客様、それに担当地域がちがう。

だって、ここは……。

「この人、明後日のアポが取れてて、もう契約もらえる人の。この契約あげようか？」

「え、でも……」

「なぁに？」

「このお客様の住所5丁目ですよね」

「うん、そうね、5丁目の大きいマンション」

「5丁目って、有村さんの担当地域じゃ」

保険屋は縄張りに厳しい。職域に訪問している会社は小さな会社だけれど、たまに他社の保険屋さんに出くわすことがある。新人の私はいつも牽制されるし、ベテランとベテランがかち合うとハブ対マングースばりに火花が散る。他社だけでなく同じハピネス生命の他オフィスであっても、出くわすと縄張り争いが始まる。私みたいな新米は他社の人にも他オフィスの人にも噛みつこうだなんて微塵も思えず、「降参でしゅ」とキューンと腹を見せるチワワになるけれど、ベテランにとっては自分以外はすべて、他社も他オフィスも敵なので、なんなら同じオフィスだろうと自分の縄張りを争うもんならば、契約数という銃と、勤続年数という刀で血と汗を流す仁義なき戦いが始まるのだ。

「そうよ、有村さんと私でずうっとテレアポしていたお客様なの」

「じゃあ有村さんが行くべきですよね……」

壁の成績一覧表。「有村」の名の上も契約はゼロ。今日、彼女はここにはいないけれど、きっと焦っているはずだ。

「三上はイベント集客してくれたよね」

「はい」

「契約にはつながらない人だったけど、チームに貢献したし。それに有村さんはこの前告知させなきゃよかったなんて言ったじゃない。そんな人に大事なお客様を任せられない。だから、この契約三上にあげてもいいよ、って言ってるの」

それじゃあ、彼女の立場はどうなるんだと思う前に、ゴクリと生唾を飲んでる自分がいる。あたしゃ、パブロフの犬か。契約をあげてもいい、という単語が私の心を悪魔的にくすぐっている。

契約はそりゃ欲しい、欲しいに決まっている。すぐにでも飛びつきたい。だが、冷静になると、なんかこれはフェアではない。自分の足で稼いだ契約じゃない。とはいえ、そんな綺麗ごとを言える状況か？　ヤバいのは私だけではない、有村さんも同じだ。もしも、月に5、6件契約を上げられる人のところから1件くらい野良犬のようにおこぼれを預かるのならば、少しは気持ちがちがうかもしれない。けれど、今、私の前に置かれた蛍を誘う甘い水のように私を誘う契約は、同じように契約ゼロに苦しむ先輩のものなのだ。

「有村さんはいいいって言ってたわよ」

「え？」

「彼女、イベント集客に貢献していないでしょう。だから言ったのよ。ケーキバイキングに人呼べなかったらこの契約はほかの新人に行かせるって。そしたら了承したわ」

それなら……いや、ダメだ。でも、マスターがいいと言っているならばいいじゃない。けれど……。理論的にはNG。とはいえ、上司が私のことで怒鳴られているのは見たくない。契約ゼロのいたたまれなさから逃れるのならば、倫理だなんだと言っていられない。いいじゃないか。別に契約違反を犯すわけじゃない。そうだ、こんなのただの処世術だ。そもそも集客ノルマをしなかったのが悪いのだ。そうだ、そうだ、そうなのだ。

「どうする？　いらなかったらほかの新人にあげる」

「やらせてください」

気分は『エヴァンゲリオン』に乗ることを決めた碇《いかり》シンジだった。でも、私は負傷した綾波《あやなみ》レイの代わりとなって彼女を守るためではなく、ただ、自分のためだけに先輩の契約を奪うことを決めた。

翌々日、壁の成績一覧、私の名前の上には1件の契約が貼り付けられていた。けれど、〆切日まで「有村」の上に契約が貼られることはなかった。そして、〆切日の夕方、契約を上げられなかった人、ノルマが達成できなかった人を名指しするオフィス会議中、彼女は過呼吸で倒れた。応接室で誰かが介抱したあと、鞄を置いて逃げるようにオフィスから消え、二度と出社しなかった。

第3章
営業成績

13

8月分の契約は壁から剥がされ、真っ新《まっさら》になり、9月分が始まる。だが、貼られた名前の中に「有村」の名前はない。営業成績一覧の中から有村さんの名前は消えた。朝礼中に、「一身上の都合で退社しました」とだけ告げられ、それ以降「有村さん」という固有名詞を口にする者はいない。彼女の名を呼ぶ必要があるときは、「辞めたあの人」という代名詞が使われた。

「私のせいで……」

横取りしてでも契約を上げたとき、ホッとした。綺麗だろうが、汚かろうが契約は契約だと自分を正当化しようとした。けれど、そのせいで彼女は消えた。はなからいないものとしてオフィスは回る。契約をもらったときの一時の優越感は消え、ただ罪悪感だけが残った。まるで、しこりのように。肉体にできるがんについては、散々研修でやっている。乳がんならば、「女性特約」で診断されたら50万円、「最新医療特約」ならば、ピンポイントでがんを倒せる。しかし、心にできたこのドス黒い塊はどう治せばいいのかわからない。

「マスター、有村さんのことなんですが」

「辞めた人の話しするほど暇じゃないんだけど」

相談しようにも、ばっさり。ほかの人も、「よくあることだから気にしなくていいよ」で終わり。罪悪感だけでなく不安も襲ってくる。ああやって、奪った契約を与えられることが当たり前にあるとしたら、いずれ私も奪われる側になるときが来るのでは。イベントの集客だって毎月必ず呼べるわけじゃない。いつか私も奪われてしまうのだろうか。この仕事をしている限り、その日は遠くない未来に訪れるような気がした。

保険会社の社員は駒だ。

この一件だけではなく、たとえば初めて行った大会のときに、私が入社したことで私たちのチームに花束が贈られていたけれど、それだけではないことを最近知った。新しい人を採用すると紹介者の給与がプラスになり、首から下げられる社員証入れ……私が今ぶら下げているのは100円ショップで売っている社員証を入れる部分がプラスチック製のだけれど、誰かを採用した人はそれが革製にグレードアップする。さらに、会社主催の豪華なホテルのフルコースに招待される。新卒である私の場合は、オフィス長とマスターがその対象で、フルコースに舌鼓を打ちに行っていた。革製の社員証はもうすでにいくつも持っているらしく、今使っているものが壊れたとき用のスペアとしてロッカーに眠っているという。給料についてはわからない。

まるで、人身売買。私は誰も紹介するアテはないけれど、いたとしても紹介したくないなと、壁に貼られた「給与アップ目指して採用しよう★」という貼り紙を眺めた。けれど、オフィスには何人採用するというノルマがあり、今日も支社の偉い人が来て、「ママ友とかでいいのいない？」とママさん職員に聞いて回っている。

その傍らでは、マスターに呼ばれた新人層の一人が泣き出す。

「泣いても契約は湧いてこないのよ」

それを、「コンプライアンス」だなんだという物差しで測る人はいない。先輩たちは、「言葉で詰められるなんてまだいいほうよ。殴ったり蹴ったりするオフィスもあるからね」と笑う。おかしい。でも、おかしいと思うこと自体がおかしい空気。だって、皆がこのおかしいを受け入れているから。だんだんと感覚が麻痺していく。

「三上、ボーッとしてんじゃないよ、契約取れてないのに」

バインダーでパシンと頭を叩かれる。痛みも怒りも悲しみもなく、「すみません」とヘラリ笑う。友だちを失ったのに、残っている数少ない友だちに勧誘の連絡をし、お茶する名目で会う。

「みかん、聞いて。この前ね、嵐のコンサートのね」

「ねぇ、それより保険入ってないなら入るべきだよ。20代ががんにかかる確率って知ってる?」

「……ちょっと大丈夫?」

「大丈夫だよ。それでね、最近、線虫っていう尿一滴でがんがわかる検査が」

「……本当にヤバいって。洗脳されてるよ、会社に」

友だちが楽しそうにアイドルの話をしてくれているのに、昔のように盛り上がれず、保険の話をしなくてはという気が起こり、心にもないことを話している。会話というものができなくなっていた。そもそも、勧誘以外の会話の仕方を忘れた。会社のエレベーターの鏡で見る自分の顔、引きつっている。目が笑っていない、瞬きをしない。不気味だ。立つ、鳥肌。

昼は仕事をしている人もいるから、夜にアポなしでお客様の家を夜訪する。迷惑になりそうだし、自分のプライベートな時間を削っておこなうから進んでやりたくはなかった夜訪だけれど、最近は気にならない。保険を勧めることがお客様のためになるし、自分を犠牲にすることが保険屋として成長した証のように思えた。

「迷惑なんだよ、今、夕飯どきだろ」

「これだから嫌なんだよ、保険屋は。帰れ」

夜に突然現れた保険屋に対して、好意的な人なんているわけない。私は笑顔を絶やさず、

「1分だけいいですか、いい保険なんです」と食い下がったものの、当然、気味悪がられて誰一人家から出てきてはくれなかった。ただ立ち尽くす私の心には、悲しさも虚しさもなかった。あるのは、「次の家にピンポンしなくちゃ」という気持ちのみ。数か月前まではお客様の家のチャイムを鳴らすのに手が震えていたのに、今では何の躊躇《ちゅうちょ》もない。自分の感情、感覚がわからない。私は今、怒っているのか、悲しんでいるのか、それすらわからない。そんなものは契約を取るのに、ノルマを達成するのに不要なものにすら思えた。食欲がない、何か食べようにも味がよくわからない。飢え乾いたみたいに酒は欲している。強いわけではない、特別酒が好きでもなかった。ただ、アルコールが入るとポッと内側から熱くなり、自分が自分でなくなるような感覚に、目が回るあの瞬間を求めていた。

私は私でいたくないのかもしれない。酒を入れて契約もノルマのことも忘れたい。

「弥生さーん。ファジーネーブルもう1杯」

「QKJ」のカウンターで酒におぼれる。

「ちょっと……現実逃避に酒を煽るとろくなことないよ」

「いいのーいいの！　お酒飲んでるときは……保険のこと考えなくても許されるんだもん。あれ？　そういえば新しいバイトの子は？」

「今日は休みだよ。かけ持ちでいろいろ働いてるから」

「ふうん、ところでさ、保険入ろうよ」

「お断りよ」

「不規則な生活送ってるんだからさぁ」

ドーンと『笑ウせぇるすまん』の「喪黒福造《もぐろふくぞう》」ばりに指さししつつ、「死ぬよ」「がんになるよ」と回らなくなりつつある呂律《ろれつ》で脅し文句をまき散らす。

「営業するならもうお店には来ないで」

「なに？　私を出禁にするって言うの」

「出禁になんてしたくない。けど、これ以上、店で営業するならもうお店にはいさせられない」

「酷い。私のこと嫌いなんだ、馬鹿、もう本当に嫌だ。仕事も、ノルマも、地球ごと私がぶっ壊してやる」

支離滅裂かつメンヘラチックに絡み始めた3秒後、机に突っ伏し、小さくぼやく。

「知ってる？　ラストラブレター、って」

「いや。なにそれ映画のタイトル？」

「ううん。生命保険のこと。イギリスではそういうふうに呼ぶんだって」

「かわいい呼び方。保険ってノルマとかどろどろしてるイメージなのに」

「被保険者が亡くなったら保険金としてお金が払われるでしょう。それがね、パートナーへの最後のラブレターだってイギリスでは考えるんだって」

「じゃあ、生保レディはラブレターの届びとってこと？　天使みたい」

「生保レディって呼び方、嫌いだからやめてよ……」

「ごめんごめん。とにかく立派な仕事じゃない」

「なのに、日本じゃ保険屋っていうと、無条件に嫌われる。嫌われたくない。友だちをもう失いたくない。けど、友だちを勧誘してる。わかんない、どうしたらいいの」

　机にピッタリつけた額が冷たくて気持ちがいい。

最近、私は保険屋という生き物になっている。私の口はもう私の口じゃなくて、私の感情を世に送り出すためではなく、勧誘のためにしか開かない。まるで乗っ取られているみたい。「QKJ」という大事な自分の居場所を踏み荒らしたくないのに……土足でかき回し、傍若無人に振る舞う今の私。

「じゃあ、みかんがその悪いイメージ壊したらいいんじゃない」

「しがない底辺社員にはなんにもできないよ」

「うーん、何か発信するのはどう？　Twitterとか」

「会社のこと外に漏らしたら怒られるよ。

第一、最近スマホ疲れてガラケーに戻したばかりだし」

鞄から二つ折りの携帯電話を出して、生き物のようにパクパクする。

「……じゃあ物語みたいにするのは？　仕事を題材にしたドラマとかあるじゃん」

「『半沢直樹』……みたいな？」

「そうそう、保険屋＝勧誘してくるウザい存在って世間印象付いているけど、内情はあんまり知られてないでしょ？　だから傷つきながらもがんばっているって知ってもらえたら、イメージが変わるかもしれないよ」

「そんなの……書けないよ」

そう言いつつも、確かに保険屋のことをよく知らずに毛嫌いしている人もいるだろうから、もし現実になれば、「保険屋です」というだけで嫌な顔はされなくなるかも……と、その提案に妄想心がくすぐられた。

どんなストーリーにしよう？　私は、宮藤官九郎さんの書くユーモアのある世界が好きだから、あんな感じのドタバタ劇ならおもしろそう。主人公は私？　マスターやオフィス長はどんな配役にしよう？　妄想好きのしがない会社員の私が物語を書くなんて……そんな大それたことできないだろうけれど……でも、今生きる現実をドラマの世界だと思うことで、支社の偉い人がパソコン越しに叫ぶ怒鳴り声も、ハチマキ巻いてのノルマ達成のための叱責も、ドラマチックかつ滑稽に思えて、気持ちが落ち着き、少し口角が上がった。

「弥生さん、ごめんなさい。さっき私、ちょっとおかしかったです」

冷静になった私は身を起こし、謝り、ノンアルコールのウーロン茶を火照った体に流し込んだ。

14

朝、目が覚めるたびに、「また朝が来てしまった」と夜に戻りたい衝動に駆られる。夜は夜で最近は眠れないし、眠れたとしてもマスターが家に来る夢を見て飛び起きるのを繰り返している。カロリーメイトをひとかじり、CDデッキのスイッチをオン。スーパー戦隊の主題歌が延々流れるCDをかける。もともと特撮好きではあるけれど、「がんばれ」「諦めるな」という歌詞が多い特撮ソングは、自分を奮い立たせるのにもってこいだ。

とはいえ、必ず最終回でラスボスが倒される特撮と違って、契約とノルマとの戦いには終わりがない。動悸がする。このまま鼓動が早まりすぎて死ぬのではないか。まだ大丈夫……。最近、自然には笑えないけれど、人差し指を使えば口角を上げられる。大丈夫大丈夫……と、騙し騙し。詐欺師は自分、被害者も自分だ。

「今日もがんばろう」

似合わないリップを塗って、そう声に出す。いわば、これは変身の呪文だ。三上杏のままではオフィスに行けない。行く途中で力尽きてしまう。だから、「仮面ライダー保険屋」に変身する必要がある。もしくは、「キュア生保」だ。

「おはようございま」

「あ、ねぇ、聞いて聞いて」

出社するやいなや、ルミさんがニヤつきながら近づいて来る。たぶん、噂話か下ネタか。先日も朝一番、「オフィスの裏で野良猫が交尾してたよ」が第一声だった。

「今度オカマが来るんだって、見てほら」

壁に貼られたチラシには、「ハピネス生命人権研修のお知らせ。今回のテーマはＬＧＢＴＱ＋」

……あ、そうだ、忙しい日々と、結婚＆出産が大前提にある保険商品を取り扱う日々の中で忘れていた。私、ＬＧＢＴＱ＋フレンドリーだからこの会社に惹かれたんだっけ。入社したら全然フレンドリーにはされていないから、頭からそのことが完全に抜け落ちていた。研修があるなんて……うれしい……ノルマで雲のかかった心に一筋の光が注がれた気がした。けれども周りの反応は、

「LGBTQ+って、最近ニュースでも聞くけど、なんかもったいないよねぇ。どうしたらそんな変なふうになっちゃうんだろう。親も可哀想ねえ。うちの子がそうだったら縁切るわぁ」

「この人、オカマってことは……下はちょん切っちゃってるのかな」

「私オカマちゃんって好き！　毒舌でおもしろいもんね。マツコのテレビ、いつも観ちゃう」

私とは明らかに温度差。研修のチラシの上で微笑む、艶やかな髪をなびかせ、厚めの化粧を施したMTF（産まれたときの肉体は男性で心が女性の人）の今回の講師役の人に、好き勝手、好奇の目を向ける。

それもそのはずだ。LGBTQ+の人間なんてたぶん珍しいモノとしか思われていない。左利きの人と同じくらい存在していて、こんな身近……今、目の前にもいるなんて想像もつかないだろう。悲しいけれど、私は反論もできない。

「みかんちゃんって、中高大って女子校なんでしょ？　レズとかいなかった？」

という言葉に、「いないですよ～」と苦笑いした。女の子に胸を高鳴らせていた10代の私を

殺して。

辛いけれど……でも、現実、ハピネス生命……というか、保険業界そのものが男と女、結婚&子育てが軸にすべて回っているから、ＬＧＢＴＱ＋フレンドリーを掲げていても、それが社員一人ひとりには浸透していなかったり、保険商品も多数派向けにしかできていないのは仕方がないのかもしれない。

とはいえ、こうやって研修をしてくれるし、パートナーシップを実施する自治体も増えている。同性婚だって実現するかもしれない。５年、10年後には同性同士のカップルや、籍を入れていない男女のパートナーに向けられた保険商品ができるかもしれない。世界は変わるかもしれない。思うだけで負の感情を打ち消すことができた。

その日から小さな存在表明として、鞄に小さな虹色のキーホルダーをつけていった。虹色はＬＧＢＴＱ＋の象徴である。誰かがそれに言及することはなかった。されても少し困ってしまうけれど、それでもそれを鞄につけたのは、性的少数者である自分が、いないものとして扱われるのが耐えられないから。

15

「私ね、熱中症で庭仕事中に倒れてね……点滴打って帰ってきたんだけど、これってお金出るのかしら」

「お調べしたところ給付の対象ですね。手続きしていきましょう」

今日の仕事は「保全」。保全とは、既契約者に対するアフターフォローのことだ。たとえば、保険金の手続き、受取人の変更、契約者に万が一のことがあった際に、代わりに保険を請求する人……指定代理請求人の指定……そういう契約にはならない事務手続きを、保全と言う。私は契約を取るよりも保全の仕事が好きだった。これにはノルマがない。なので、お客さんにぐいぐい営業をしなくて済む。今回は、担当地域の80代のお客様。日帰り入院の保険金の手続きだ。

「保険屋さん。ありがとうねぇ、助かったよ」

保険の仕事が嫌いになることもあるけれど、保全の仕事をこなしていると、微力ながら誰かの力になれたと感じて、やはりこの仕事が好きだと思う。「ありがとう」の言葉に笑みがこぼれた。

「またなにかあったら、いつでもご連絡くださいね」

だからといって、保全なんて契約とちがって給与に影響もないし、ベテラン社員にとっては張り合いがないと、仕事としての格は少し下がる。わざわざ保全に行くのなら、家族がどこの保険に入っているのか聞いて、あわよくば勧誘してやろうと、だいたいの保険屋はハングリー精神を持っているけれど、私はいつも保全でお役に立てたという満足感だけで帰ってきてしまう。だから、契約が積み重ねにならないんだ。担当地域のお客様は、保全や定期点検で伺うだけで孫が帰省したかのように出迎えてくれる、慎ましく暮らすお年寄りばかり。「慈善事業じゃない」とは言われたけれど、給与にはならなくても話には耳を傾けて応えたい。根ほり葉ほり子どもや孫のことを聞いて、保険に入れさせようとはなかなか思えなかった。

そうこうしている間に、ＬＧＢＴＱ＋研修まで１週間。私は、仕事帰りに「ＱＫＪ」へと向かっていた。

「いらっしゃいませ」

店の扉を開けると、見知らぬ小柄な人が、ぎこちなく私に頭を下げた。黒髪をツンツンと立てて、シルバーアクセサリーをつけている。どこか愛らしい、悪ぶった感じ。悪戯っぽくニッと笑う。ん？　ｈｅだろうか？　ｓｈｅだろうか？　いやでも、そんな代名詞はどうでもよく、この人の顔やまとう雰囲気に懐かしさを感じた。

「こちら、新しいバイトのマサくん」

そう紹介される。けれど、懐かしさがその名前に違和感を覚えさせる。

「どうも……マサです」

「みやび……？」

彼も同じように懐かしさを噛みしめているみたいに目をパチクリさせる。そして……。

「え？」

「もしかして、小泉みやびじゃない？　6年4組の」

「……みかん？　おまえ、三上杏だろ！」

彼女……いや彼……とにかくマサと呼ばれた小柄な少年は、小学校時代の悪友の女子だった。

少女漫画よりも少年漫画が好きだったみやびと、どちらも大好きだった私は気が合い、よく二人で小学校の近くにあった老婆が営む今はなき、漫画雑誌やレンタルビデオも扱う駄菓子屋の前で、チューチュー吸うゼリー片手にお互いにちがう漫画雑誌を買って一緒に読み、ビデオが並ぶ棚の中を探検して、見たことない映画のタイトルで内容を空想する遊びで、放課後の時間を共に過ごしていた。

「マジかー、世間って狭ぇ」

「びっくりしたのは、こっちだよ。みやび……ううん、マサ。小学校のころの連中は、小泉は行方知れずで死んでいるかって噂だよ」

「だって、これじゃあ小泉みやびだってわかんねえべ？」

胸を張って平らな胸を強調する。最後に会った12歳のころに膨らみかけていた2つの乳房がない代わりに、不自然なくらいに胸回りが厚く、何かでつぶしているようだ。ニヒヒと笑う姿はみやびという女の子の面影が残りつつ、確かに男であった。

「なに？　ふたり同級生なの？　これで何組目かな。意外と多いんだよね。この店で再会する人」

確か、以前にも別々に来ていたお客さん同士が、「あれ！」と声を上げたかと思うと、中学の同級生だったということがあった。

「2丁目なんて、店がたくさんあるから、そうそう再会なんてできないだろうけれど、下町でミックスカフェバーなんてここくらいだしね。ステキな偶然に今日は一杯おごってあげる」

同級生との再会に乾杯をした。私はちゃんとノンアルコールである。

「酒に溺れないってことは、今月ノルマの調子がいいってことね」

その通り。今月は運よく2件の契約が取れていることを、鋭く弥生さんは見抜く。それを聞いてマサは、

「……ノルマ？　なんの仕事してんの？」

ミックスバーで再会したのだからセクシャリティについて聞いてくるかと思ったけれど、彼はそんなことよりも私の仕事のほうに関心があるらしい。不思議そうな顔を向ける。

「生命保険会社で働いてるよ」

「会社員なんだ。意外」

「意外ってなによ」

「小学生のころの文集に、将来の夢〝漫画家〟って書いてたじゃん。スーツ着て働いてるなんて、想像つかねえや」

「恥ずかしいなぁ。そんなこと思い出させないで」

「俺、いまだにみかんが俺に見せてくれた自作の漫画の内容覚えてるけど？　実家にはもらった絵もあるぜ？」

「黒歴史掘り返すなー。そっちだって文集に将来の夢〝マッチョ〟って書いたくせに」

「本当は将来の夢は〝男〟って書きたかったんだけど……まぁ、それもマッチョもそこそこ叶ってるぜ？」

そう言ってマサは腕まくりして、力こぶを作って見せた。

「……それにしても保険……保険かぁ」

「安心して、ここでは勧誘しないから」

「……なぁ、やっぱ枕営業ってあんの？」

「あるわけないでしょ！」

「だってAVとかであるじゃん」

「AVと現実一緒にすんな、バカ」

「悪い悪い。でも俺、保険って興味あるな」

「変態」

「ちげーよ。本当に入院とかの保険、気になってんだって。俺あんまり病院行かねぇから、病気になっても手遅れになる気がするから」

「手遅れになる前に検査しておきなさいって。健康診断受けておくと、保険料安くなる保険会社もあるから」

「いや、行けねえもん」

「なんで」

「俺らみたいなFTMにもいろいろいて、男性ホルモンの注射してたり、手術で胸を取ったり、胸も子宮も取ったり、なんにもしてなかったり、名前を変えたり。でも、俺はまだ全然……最近、男性ホルモン入れ始めたばっかりで、名前もまだみやびのままで、こんな見た目だけど保険証は女だからさ……」

「それを病院で見られるのが嫌ってこと？」

「その通り。男性ホルモン打ってる病院は、俺らみたいなのと、俺らと真逆の患者ばかりだから驚かれないし、説明もいらねーけど、普通の病院だとそうはいかないだろ？　イチから、生まれたときの体は女でぇ……って説明すんのが嫌だから、極力行きたくねえけど、でも病気になるのも怖ぇから、保険入っときゃ安心かなぁって」

私は好きになる対象が多数派と異なるだけで、見た目に変化があったりするわけではない。保険証の性別欄や自分の名前を恨めしく思ったことはないので、彼の話は知らないことばかりだった。何か力になれたらいいなと思った。でも、

「保険に入るのも……本名……ううん、保険証の名前と性別を入力しなきゃいけないよ」

本名と言いかけて、少し引っかかって言い直す。彼にとっての保険証に印字された名前は、公的な書類においては本名に当たるかもしれないけれど、当人にとっては本名ではないだろう。

「だよなぁ。やっぱし悩むな、保険入るの」

「でも、その間に病気になったりでもしたら大変じゃん、怪我とかも……」

そう言いかけて、「あ、ヤバい、これは勧誘だ。出禁になっちゃう」と弥生さんに目をやるも、「マサは聞きたがってるからいいよ、話して」と言ってくれるから続けさせてもらった。

「名前も性別も戸籍のままになっちゃうけど……一度保険のプラン作ってこようか？」

「うーん、いや、もうちょい待つわ。戸籍の性別変えるのには、子宮取ったりしなきゃなんねぇから、時間かかるけど、名前変えるの年内にでもやろうと思ってるから、それが終わったらだな」

この世界はおおむね、多数派のためにできている。ハサミは、右利き用のほうが圧倒的に手に入りやすく、左利き用はわざわざ探さねばならない。保険もそうだ。

だからこそ、ＬＧＢＴＱ＋の当事者の保険屋なんてそうそういないだろうから力になりたい。でも、戸籍と異なる名前と性別で保険に加入することはできない。たとえそれが彼の本来の姿であっても、それは「偽っている、本当は女性の小泉みやびさんでしょう」と指摘され、それこそ募集事故として扱われてしまう。力になりたいのに、できなくて歯がゆくもどかしく、申し訳なく、黙りこくってしまうけれど、マサはその態度を契約が欲しいのに今すぐ加入しないことに腹を立てたと勘ちがいしたらしい。

「そう焦るなって。お、枕営業してくれんなら、今すぐ加入してもいいけど？」

と歯を見せて笑う。

「はぁ？　ありえないから！」

「安心しろ、俺はセクシーな女が好きだから、みかんじゃ燃えない」

フンッとそっぽを向きつつ、今の保険は窮屈だなと思った。多様性に寄り添えていない。調べたところ、同居していれば同性や籍を入れていないパートナーでも保険の受取人になれる保険会社もあると聞くけれど、でもやはり、ほとんどの保険会社は受取人は戸籍上でつながりのある人間だけだし、トランスジェンダーでまだ戸籍を変えられていない人にとって保険のハードルは高い。少数派も確かに存在はしているのに、数が少ないからという理由だけで存在を見て見ぬふり、もしくは、はなから目もやろうともしないのはなんとも理不尽だ。あぁ、私がハピネス生命の社長だったら、もっとＬＧＢＴＱ＋フレンドリーらしく、会社を改革するのにな

ぁ。ノルマもできない底辺社員のくせして、「会社を変えたい」だなんて大きすぎる欲望を抱

えてしまった。

16

「今月、給与9000円だわ」

給料日前、オフィス長から手渡される給与明細を受け取ったルミさんが、溜息交じりにそう言って私は思わず「え?」と聞き返した。

「先月契約1件も取れなかったから……ほら」

見せられた給与明細には、確かに9000円の文字。0が1つ少なくない? いやでも、たとえ0がもう1つあったとしても、正社員の1か月の給与にしては少ない。平日+土日もサービス出勤をしているのに、割に合わない。フルタイムのアルバイトのほうがまだ稼げていそう。私の給与も、ほかの社会人1年目の人に比べたらだいぶ少ないけれど、でも、さすがに9000円ではない、10万をちょっと超えている。

「2年目までは保証給あるけど、3年目超えるとマジで契約数がすべてだからねぇ。できないと、この有様よ。でも、営業成績全社ランキングのトップクラスになると月100万超えだって言うよ」

「月100万超え？　そんなの何件契約取れば」

「なんか社長と仲良くなって、その会社の社員全員の契約何十件も一気にもらっちゃうらしいよ。まぁ、うちらには関係ないことだよねぇ」

「……あの、でも9000円って……お客様に配るグッズ買ったり、ルミさん、車だからガソリン代ですぐなくなっちゃうんじゃ……」

失礼かもしれないが、思わず聞いてしまう。というか聞かざるを得ない。だって、自分だっていつか9000円になる日が来るかもしれないから。

「私は夜バイトしてるから」

「バイト？」

「隣町の『カラオ歌広場』でね。それで割と収入あるんだよね。夜は時給いいから」

「でも、副業って禁止じゃ……」

「ダメとはなってるけど……でも公務員じゃないし、絶対じゃないよ。月9000円じゃ生きていけないもん。真理ちゃんは夜のコンビニ、麻子は熟女キャバクラ、咲はラブホの清掃してるって」

隣のチームの面々を目で追いながら言った。そういえば真理さんはいつもお昼に期限の過ぎたコンビニ弁当を食べていた。麻子さんは退勤間際になぜか化粧を濃くして帰っていった。咲さんは「若いから使うでしょ」となぜかラブホテルのサービス券をくれたことがある……。すべてが腑に落ちた。

「緒方さんやリーダーはさすがにバイトはしてないらしいけど、でも、車買う代わりにディーラーの大口契約もらったり……そういう交換条件はやってるみたいだねぇ。まぁ、万年軽自動車のあたしにゃ無理だけど。みんななにかしら副業やってるよ。あとね」

最後のとっておきみたいに耳打ちされる。

「有村ちゃんは風俗やってるって噂もあったし」

風俗。性産業も立派な仕事ではあるけれど、どうしても絶句してしまった。辞める間際の不自然な有村さんの笑顔が頭の中にフラッシュバックしてゾッとした。そして、もうここにいない人の秘密をとっておきの宝物を見せびらかすみたいに話すルミさんにもゾッとした。

「でも、それならここは辞めて、カラオケに専念したほうがいいんじゃないですか。そっちで社員を目指すとか」

「ダメダメ。だって世間的に、カラオケのバイトしてますよりも、大手金融企業の正社員のほうがなんかいいじゃん。福利厚生もあるし。まぁ、正社員の給与とは思えないけど」

アハハ！　と笑い飛ばすけれど、笑いごとじゃない。だって、私がもしこれから保険屋として進んでいくとしたら、月給100万の保険営業じゃなくて、月給9000円の保険営業だと思う。どうこれから営業していくかよりも、「私も副業見つけておいたほうがいいのかな」と真っ先に思った。夜のコンビニあたりはどうだろう。

「失礼いたします」

オフィスのチャイムが鳴り、内勤さんが扉を開けると、スーツ姿の男性と女性が入ってくる。

「ジュエリー花垣でございます」

数か月に一度、宝石商の人がオフィスに宝石を売りに来る。それも10万、20万する本物だ。それだけじゃなく浄水器、宝くじを売りに来る。皆、契約をもらったゆえのお付き合いらしく、だいたいの人は1つや2つ買っている。オフィス長とマスターの胸元や指には、光る石が日に増える。ちなみに、ローンを組んでいるらしい。私たちも「死ぬ」や「病気になる」と脅し文句で保険を売っているわけだけれど、宝石屋さんも「このオフィスは運気が下がっている」「ノルマを達成できる波長じゃない」云々言って、光る石を買わせていく。霊感商法かよ。皆、買った宝石のローンのためにもノルマをこなす。まるで私たちって競走馬みたい。エサにつられてタッタカ走らせられる。宝石なんて光り物に釣られて、ローン組まされるなんてやり口がなんだか汚い。今日もテキパキとオフィス後方のケースに並べられるルビー、ダイヤモンド、サファイア、パール……。

「みかんちゃん、買ってきなよ」

「一番安くて13万円ですよ……1か月の給与飛んでっちゃいます。そんなお金あったら貯金します」

「若いからいいじゃん、買っちゃえ、買っちゃえ」

「ルミさん、自分が欲しいんじゃないですか」

「バレたか。でも月給9000円では手が届かん……あぁ、楽して大口契約取れないかなぁ。これにでも応募してみようかなぁ」

デスクの引き出しからルミさんが出してきたのは、1枚の紙。

「なんです？　それ」

「ん？　新商品アイデアコンテスト。新しい保険商品のアイデアを書いて送ると、社長が直々に添削して、いいアイデアにはなんと賞金10万円！　知らない？　月末〆切で毎月募集してるんだよ」

……新しい保険商品の……アイデア……。

「でも新しい保険なんて思いつかないもんねぇ、10万円は欲しいけどさ」

「ルミさん！　それって誰でも応募できるんですか！」

「え、あぁ、うん。なにかアイデアがあるの？」

「あ、えっと……いえ。10万欲しいなぁって」

嘘だ。10万なんてどうでも……よくはないけれど、でも賞金が出ようが出まいが応募したい。LGBTQ＋向けの商品を書いて。応募しなくちゃ……。

オフィスの片隅で埃をかぶっていた応募用紙を1枚拝借し、アポとアポの間に喫茶店でこっそりとLGBTQ＋フレンドリー保険商品を書き始めた。

まず、マサも言っていた加入時の名前……性同一性障がいの診断書と、今名乗っている名前で来た手紙が一通あれば戸籍の名前とちがう名前でも加入できる……とか。受取人は、法的な親族以外でも住民票の住所が同じならばオッケーなんてどうだろう。

保険金詐欺に悪用されてしまうだろうか？　では、パートナーシップを結んでいればいいとか？　いや、パートナーシップはすべての自治体がやっているってわけではないし……同性婚がオッケーならばいいのになぁ。

仕事もしつつアイデアをしたため、ところどころにかわいいイラストも添えた。そしてＬＧＢＴＱ＋研修の日に完成し、ポストに入れ、研修会場である支社の会議室に揚々と向かった。

だが、支社管轄のオフィスが勢ぞろいしている会場内は、こんな話聞きたくないけれど研修だから仕方なく来たといった雰囲気を醸し出している人と、「オカマが来るんだって」といった動物園にでも来たようなテンションの人で二極化していて、私の心を曇らせた。

「オカマ、超たのしみ。おもしろい話、してくれるかなぁ」

と呑気にルミさんが言う。

「そ、そうですね……」

としか言えない。そして時間になると、司会役の紹介で講師の先生が入ってくる。

「皆様、はじめまして。本日は貴重なお時間をありがとうございます」

レディースス一ツに身を包んだ写真通りの綺麗な人だった。深々とお辞儀して、髪を静かにかき上げると、そこから60分間、自分の生まれ育ってきて感じた生きづらさや、性的少数派が直面するさまざまな問題、そして日本がその性的少数者への意識や理解のうえで、世界から遅れているということを指摘した。

私自身はとても気づかされることが多く、感心の連続だったけれど、ほかの人は拍子抜けしていた。それはオカマという生き物が来ると思って出迎えた講師が、なんとも普通の女性だったからだ。テレビに出ている、いわゆるオネエタレントのようなテンションや言葉遣いではない。落ち着いて冷静にときどき笑みを浮かべつつ、滑舌よく淡々と、「私は産まれたときは男性の体でした」なんて語っているが、言われなければ彼女の元々の性別なんてまるでわからない。たぶん、そのことに驚くばかりで、肝心の話は頭に入っていないようだった。誰もＬＧＢＴＱ＋のＬがなんなのか、Ｇがなんなのか聞かれてもわからないだろう。

「なんかガッカリ！　オカマなのに全然おもしろくないじゃん」

講演が終わったあと、あちこちで始まるヒソヒソ話。それがまだ会場の隅にいる彼女の耳には入らないわけがないけれど、彼女は表情を変えなかった。希望の光だったＬＧＢＴＱ＋研修。それはただのオカマへの好奇の場で終わってしまった。やがて講師の方が帰ると、ヒソヒソ話は、もはやヒソヒソとは形容しがたいボリュームに変わる。

「女にしか見えなかったなぁ。もっと実物はゲテモノみたいなのかと思ったけど」

「ブサイクな女か、美人なオカマ。ものは考えようだなぁ」

「でも子どもは産めないわけでしょう？　それならブスでもデブでも女がよくない？」

支社の男性たちも交えて、ゲスな会話で盛り上がり、女性社員らもセクハラ云々のモラルは頭から零《こぼ》れ落ちてしまったらしく、ギャハハハと笑い声を上げた。呆れ顔になってしまうけれど、皆が笑っているから笑わなくてはいけないのかと、私も少し離れたところで下手くそに笑って見せていると、支社の……名前はわからないけれど頭に肌色の面積が多い小太りさんが近づいてくる。

「上条んところの三上さんでしょう」

「あ、はい」

「もっと明るい色の服着たら？　若いんだし。スーツもよれてる。化粧ももっとうまくやったほうがいいよ。上条に教えてもらいなよ」

と、ファッションチェック……いいや、女らしさの品定めというほうがしっくりくる。私の女らしくなさを指摘するのならば、この人は20キロは痩せて、その頭のてっぺんに何本か髪を植えるべきである。

「部長聞いてくださいよ、この子ったら」

まだオカマの話で沸いている輪の中から飛び出してくる、上条マスター。庇《かば》ってくれるのかと思いきや、

「昨日と同じスカートで出社してきたりするんですよぉ」

と、燃え盛る火に木屑をぶち込むように話題をさらに投げ入れてくる。

「それはまずいよ、若い女の子がさぁ」

「ですよねぇ。私も指摘してはいるんですけど」

「うちは、結婚して、子どもできても続けられる仕事なんだから。おしゃれして、早く相手見つけたほうがいいよ」

ここにはいないオカマの次の標的は、私になったらしい。ほかの人も集まってきて、「23歳なの？　あらぁ……彼氏は？」「うちの息子なんてどう？　ちょっとスケベだけど」なんて言葉に、火あぶりにされる。

私はただニコニコしてうなずくだけの赤べこ状態だけれど、内心、熱くて、苦しくて、仕方がない。ここで「いいえ、女性の幸せはそれだけではありません。今は多様性の時代です」なんてピシャリと言えたらいいのだけれど、そんな勇気があるわけない。変えたいけれど変わらない世界、逃げ出したくもなるけれど、でも自分には社長に送ったアイデアコンテストの一枚があるという事実のお陰で、涙を流さずに済んだ。

17

社長からの来るか来ないかわからないアイデアコンテストの返事を待ちつつも、自分の精神はどんどん壊れていった。

1円にもならないサービス残業を終えて家に帰るが、常にマスターや職場の誰かがいる気がする。いるはずなんてないとはわかっているのに。鳴っていないのにインターホンが鳴った気がして、「マスターだったらどうしよう」と怯えつつインターホンを覗く。

眠れないけれど、気づいたら眠りに落ちていて、目が覚めると、「どうして目が覚めてしまったんだ」と嘆く。前は特撮ソングを聴けば、気持ちをふるい起こせたのに、今はもうそれさえ無理で。それどころか、何百回と聴いて覚えているはずの歌詞が何を言っているかわからない。

何か壊したい衝動に駆られて、100円ショップで皿を買い、必ず出勤前に1枚台所の流しで割った。そんなことにお金を使いたくなかったけれど、割らないとどうにかなってしまいそうだった。慣れてくると、破片を拾うのも面倒くさくなり、コンビニのビニール袋に入れた状態で割るようになった。大きな音で震える鼓膜と荒い呼吸。仕事に行きたくない気持ち、ノルマへの恐怖をそうやって消化させていた。

「大丈夫、千鶴さん」

朝礼中に東雲ファミリーの娘・千鶴さんが過呼吸を起こして倒れた。それもそのはずだと思った。今月の成績、兄嫁のみなみさんに倍以上の差をつけられていて、「母親の後継者は息子の嫁のほうだ」なんて噂されている。かく言う私は、今月は1件契約を上げているものの、これ以上は増やせそうにない。だが、なぜか焦ってはいない。と言うかもう、脳が感情や感覚を失っている。

「同行しない？　三上」

ぼんやりする頭で、かけまちがいばかりのテレアポをしている、うっかり息をしている死体のような状態の私に声をかけてきたのは、まさかの緒方さんだった。彼女は一匹狼で、マスターから新人の同行を頼まれても「面倒だ」と断っているのを何度も目にしてきたから、一瞬耳を疑った。、

「来るの？　来ないの？」

と、有無を言わさぬ圧に、「い、行きます！」と答えた。オフィス中が、「あの緒方さんが

……新人をつれて……同行……」と、物珍しそうな眼を向けている。正直ビビッていた。きっと、オフィスでは言いづらいようなお説教を食らうんだと思った。だから、緒方さんの軽自動車の助手席に腰を下ろしたときには、もう張り裂けそうな、心臓……。

「そんな固くなんないで」

「あ、いえでも」

「今日は、ただの契約のお礼だから。あんたはなんにもしなくていいから」

車の中は、ところどころにアニメ柄の文房具や手提げといった、お子さんの物が散らばっていて、家で子どもに向ける母親としての一面があるんだなぁと思うと不思議だった。エンジンがかけられ、車が動き出す。何も話すことはない。ボリュームマックスのLUNA SEAの「ROSIER」が流れているだけだ。着いたのは郊外にある小さな団地だった。

「なんにもしなくていいよ」

そう一言残して車を降りる緒方さんのあとを追い、団地の階段を4階まで上る。

「おお〜、緒方ちゃぁん。今日もベッピンさんだなぁ」

インターホンを押した部屋から出てきたのは、酔っ払いおじさん。この仕事をしていると、もれなくセクハラ親父の客に出くわす。働き始めて1、2か月はどこに行くのもマスターがついて来てくれたけれど、今はもう契約を頂くような重要なアポ以外は、一人で行くことも多い。しかし、独身の一人暮らしの男性の家に行くときは、やはり少し身構える。すべてがすべてヤバい人ではないけれど、以前、50代独身のゴミ屋敷に住む一人暮らしの男性に、「ねぇ、枕営業ってあるの」と聞かれたときには、鳥肌が立ったし、怖かった。そのときは定期点検だけおこなってすぐ出てきた。保険屋の女性が、お客様宅で性被害を受けたなんてニュースも聞く。私たちの足元は原則ヒールと決まっているから、もし危険な事態に陥っても全速力で逃げられない。

クールな緒方さんはこういうお客さんをどうかわすのだろう。

「んもう！　相変わらずうまいんだからぁ。なんにも出ないわよう」

と、オフィスでは絶対に出さないような……媚びた声を上げた。え？　これってあのクールな緒方さん？　よく見ると、ブラウスのボタンが大胆に3つも空いて、胸の谷間が覗いている。巨乳、だ。ホルスタイン……という単語が思わず浮かぶ。モウ。

「これ契約のお礼のバスタオル。あとこれは、わ・た・し・か・ら」

ねっとりとした声色で、ハピ郎が描かれた大きな箱と、三越の小さな紙袋を手渡すと、男は鼻の下を伸ばして、顔を赤らめた。目線はもちろん……言わずもがな。

「俺のことドキドキさせて、ぽっくり逝かす気だなぁ」

「やぁだ。そんなことしないわよ。だって、私が死亡保険金の受取人ってわけじゃないんだし」

「それもそうだなぁ。じゃあ、ちがう意味でイカせてくれたりしてなぁ。ガハハ」

「もう、なに言ってんのよう」

まるでスナックやキャバクラ。どちらも行ったことはないけれど、なんとなくイメージ。全面的に男性をいい気分にさせることだけに、女性が心を殺して煽《おだ》てる空間。

「あれ、その子は？　娘ちゃん？」

「ううん。オフィスの新人さん。お勉強で一緒に回ってるの」

「へぇ、ふぅん。若いねぇ。いいねぇ」

ねっとりとした品定めの目を頭の先から足先まで向けられる。

私が女であることにまちがいはないし、マサのように心と肉体の性別にズレがあるわけではないけれど。でも、こうして女であることを生々しく見られる場面は、営業という仕事をしていると多々あり、特に年配の男性と接するときに、「女性」として品定めされることは避けては通れない。営業だから当然身なりは整える。自分らしさよりも、女性らしさが求められる。そのたびに女であることが嫌になる、別に男性になりたいわけではないけれど。

性別というフィルターを外して、人間として見てもらえないのが不愉快だ、屈辱的でもある。「看護婦」が「看護師」に、「スチュワーデス」が「キャビンアテンダント」に、性別による呼称の呪縛が解かれつつあるのに、いまだに「生保レディ」と呼ばれる私たち。

上条マスターとお客様を回るとき、男性のお客様はマスターの美貌に鼻の下を伸ばす。女性であることを最大限利用して営業する人も少なからずいるだろう。「優しくしてくれたのがうれしくて」と本気で先輩社員に惚れてしまった独身男性のお客様が、毎週のようにオフィスにお花やブランド物バッグや香水を送ってきていて、オフィス長も頭を抱えている。「生保レディ」なんて呼ばれ方をしている限り、私たちはいつまでたっても性別のフィルターを外した一人の人間として見てもらえないかもしれない。

「こんなピチピチの子に来られたら、俺もう1つ保険に入っちゃおうかな」

固まってしまう私。けれど緒方さんは、「やぁだ、私もピチピチよ」と笑ってみせた。零《こぼ》れんばかりの大振りな2つの乳房がタユンとまるで音を立てるように揺れる。年齢を重ねているせいか、子どもを産んだからなのか、弾力があるように見えてどこかしんなりとしていた。

18

「言っとくけど枕とかはしてないから」

帰りの車に乗り込むと、開口一番そう言われた。聞き慣れたハスキーボイスで。

「ただ、いい顔して煽てて気分よくさせてるだけだから」

「そうなんですね」

「でさ、三上はいつ辞めるの」

「……え?」

「いつ辞めるの?」

遠回しに目障りだから辞めてくれという意味なのだろうか……。これを告げたいけれど、オフィスでは告げられないから私を同行に誘ったんだろうか。

「辞めない……です」

「嘘。じゃあ5年、10年、15年、この仕事したい？」

長くいたら、いた分だけ心臓に毛が生えてフサフサになるか、壊れるかの二択だ。まだ1年も勤務していない私だけれどそれはわかる。有村さんの叫び声、ルミさんの9000円の給与明細、今はまだ他人事だけれど、すぐに自分事になる。わかっている。

「辞めるなら早いほうがいいよ。やり直しが利く、いくらでも」

「でも私、せめて3年は」

「ここでやっていけるのは生活のために自分を殺せる人間か、この仕事を楽しいと思える化物だけ。あんたどっちでもないじゃない。自分でもわかってるでしょ」

私は営業に向いていない。グイグイ行くよりも、「あんまり営業したら迷惑になっちゃうかな」と、どうしても引いてしまう。ほかの先輩のように、熱があっても、台風が来ようとも、身を削ってアポに行くようなガッツもない。でも3年以内は辞めてはいけない。三年神話は絶対だ。……転職をいずれするにしても、3年経たずに辞めたらどこの会社にも採用してもらえないかもしれない。不採用続きの就活のことを思い出す。だからせめて3年は、心臓に育毛剤をぶちまけてここで働くしかない。それにお客様への責任もある。いつも定期訪問に伺うと、「また保険屋さん変わったの？　コロコロ変わってわけわかんない」と言われる。「お客様の人生に寄り添う」を謳っているのに、コロコロ担当が変わっては申し訳ない気がした。

「もう少しここでがんばります」

「ふぅん、そう。三上って想像以上にバカなんだね」

「……お、緒方さんは辞めたいって思うことあるんですか」

「そんなの毎日」

「毎日？」

「24時間365日」

チラリと胸元を見る。ブラウスのボタンはきちんと留められていた。

「でも定年までは、やる。もしかしたら東雲千恵子みたいに定年すぎても居座るかもしんない」

「辞めたいのに……どうしてですか」

「私シングルマザーだし、子ども、障がいがあんの。大学も出てないし、正社員でいい会社は、高卒と大卒なら大卒を選ぶから雇ってもらえない。夜職やると子どもとの時間がとれない。風俗なんてやりたくない。だからここにしがみつくしかないの、自分を殺してでもね。ノルマ達成して、できるだけ多くの金を稼いで生きていくしか道がない。子どもに不自由はさせたくないし」

信号待ちで緒方さんは煙草に火をつける。

「ちなみに旦那はいないよ。妊娠したってわかったらいなくなった。男なんてそんなもん。自分が一滴出して気持ちよくなることしか考えてない。その場限りの生き物……ってガキにゃ、刺激が強すぎるか」

ふぅと煙を吐く。信号が変わりハンドルを握る。

「私は子どもに苦労させたくないし、産んだことも後悔したくないから、ここで死に物狂いでやっていくけど、あんたはちがうでしょう。まだ若くて、大学も出ていて、未婚で子どもがいるわけでもない。こんな地獄にしがみつかなくても生きていく道がいくらでもあるんじゃないの？」

「それは……」

「ほら、オフィス着いたよ。次のアポあるから、あんただけ降りて」

オフィスのルールであるガソリン代の２００円も受け取らず、「私があんたに話があっただけだから」と車を走らせて行った。辞めるのを促すために同行に誘ってくれたんだ。私、そんなに辛そうにしているだろうか？　辞めたい？　今一度自分に聞く。確かに成績もノルマも怖いけれど、辞めることも恐怖。緒方さんは辞めるべきだと諭してくれたけれど、私はおそらく辞められない。

「ただ今、戻りました」

笑い声のするオフィスの扉を開ける。すると、「あぅー」という声。オフィス長が赤ちゃんを抱っこしてあやしている。隣では、マスターがいないいないばぁをし、ほかの社員も皆、赤ちゃんに群がっている。まるで保育園。

「同行お疲れ様。あの緒方さんが同行なんてびっくりだったけど大丈夫だった？」

「あ、はい……。ところで村上リーダー、あの赤ちゃんは……？」

「来月から中途採用の子が来るのね。その子の赤ちゃん。今日は支社で研修があるから、ママはそっちに行っていて終わるまで預かっているの」

中途採用……そうか、誰かを入社させることで誰かの給与がプラスになるのかぁ。

子どもや赤ちゃんは正直苦手。なぜかって、うまくコミュニケーションが取れないからだ。

よく大人で、「～でちゅよ」なんて話し方で子どもや赤ちゃんに接する人がいるけれど、私にはあんなの絶対無理。恥ずかしい。かといって、赤ちゃんや子どもに対大人と同じように話しかけるのも変だし……だから、どう対応していいかわからなくて苦手なのだ。決して嫌いというわけではない、ただ苦手なのだ。けれど、動物や子どもを苦手だと言うと、世間は無条件で冷酷のレッテルを貼ってくる。だから口には出せない。

「ああ、そうなんですか。かわいいですね」

とりあえずそう言って距離をとる。赤ちゃんに群がる群れから離れて、デスクで担当地域へ配るチラシを折り始める。なるべく心を無にして。私は人間ではなく、チラシ折り畳みマシーンだという気分で。

「三上ちゃんもおいでよ」

赤ちゃんを抱いたオフィス長にそう声をかけられてしまう。結婚・出産を経て働いている人が大半なこの職場……有村さんが辞めた現在、一度も結婚をしたことがない、子どもを産んだことがないのは、なんと私だけである。だから何かと、「彼氏は？」「早いほうがいいよ」「孫の顔早く見せてやんなね」と言われてきた。そして、だいたい適当に受け流してきた。

「赤ちゃん抱っこしてみなよー」

肉づきのいいムチムチの塊を差し出されると、どう断ればいいのかわからず固まってしまう。ていうか、猫を抱き上げるのですら柔らかくて、脆くて怖いのに、どうして人はすぐ赤ちゃんを抱かせようとしてくるの？　何かあったらどうするの？

「あ、いえ……遠慮しておきます」

「ほら、将来の練習だと思って」

「まだ23歳でしょ。早くいい男つかまえて、かわいい赤ちゃん産まなくちゃね」

悪意があって言っているわけじゃない。むしろ親切心さえ含んでいる。それはわかる。私を傷つけようとしている口ぶりではない。とはいえ、女性が絶対に子どもを産むとは限らない。私みたいに恋愛において性別に重きを置かない人間だけでなく、ノンケ……男性を好きになる女性においてもそれはそう。子どもを望まなかったり、欲しくても授かれない人たちもいる。

繁殖がすべての野生の動物なんかとちがって、産む幸せ、産まない幸せを選べるのが人間の特権だというのに、将来子どもを産むことを大前提に赤ちゃんを差し出されている……。

これからの私……女性と添い遂げたいと願うかもしれない。男性を愛するかもしれない。女性同士のカップルでも精子提供で子どもを産み育てている人もいるから、そうなるかもしれない。ならないかもしれない。子どもは望まなくても、一緒にいて幸せだと思える夫婦もたくさんいるから、そうなるかもしれない。ならないかもしれない。わからない。わからないんだけれどなぁ……でもここで断ったら、空気読めない奴だって思われるもんなぁ……。

「わぁ、かわいい」

とりあえず笑いながら両手を伸ばし、母親の顔になっている先輩社員のアドバイスを受けつつ赤ちゃんを抱いた。腕の中の赤ちゃんは下手くそな抱き方のせいか、私の心を読んだのか顔をしかめた。

「抱き方がぎこちないねえ。もっとこう包み込まなくちゃ、母性で」

「あぁうちの息子にもこんなころあったなぁ。今じゃ、ババア、メシ、しか言わないもんなぁ。ていうかさ、赤ちゃん見てると、また産みたくなっちゃう。かーわいい」

「あんた、閉経間際でなーに言ってんのよ」

「あはは、そうだわ。旦那ももう勃たないだろうし」

「三上ちゃんはいいわね、まだまだこれからいくらでも産めるもんね」

皆にとっては当たり障りのない雑談なのに、私にとっては溺れているような苦しい時間。

女性が働きやすい仕事だと看板を掲げ、実際、子連れて出勤したり、授業参観や、子どもが具合が悪いからと早退もできる……だが、ここで言う「女性」というのは結婚をして子どもを産む女性限定で。独身や、未婚、子どもがいないと「女性」の括りに入れてもらえない。赤ちゃんは私の腕の中でギャーと泣き、5人子どもがいるベテラン社員の腕の中に収まり、指をしゃぶりながらじっとり潤んだ眼をこちらに向けた。

「大丈夫よ、そのうちいい男つかまえて、かわいい赤ちゃん産んだらいいのよ」

「今、彼氏いないんだっけ？　あのね、結婚したいくらい好きな男に出会ったらね、その男の子ども産みたくなるもんよ。本能でね。そういうもんよ。そのうちわかるわ」

繁殖馬や家畜みたいだなぁ。好きという感情の先にあるのは繁殖だけなのかな。なんとも言えない気持ちにさせられる。今に始まったことじゃないけれど。

「すみません、戻りましたぁ。うちの子、大丈夫でしたか？」

そうしていると、赤ちゃんの母親と支社の部長が現れる。母親は化粧っ気のない、さっぱりとした女性だった。赤ちゃんは母親の腕の中で安心したように眠りにつく。

「三上さん、年上だけど、あの人後輩になるからよろしくね」

部長は私の隣に来て言う。支社には、同じようなスーツ姿の小太りの男性がたくさんいて見分けがつかないけれど、部長だけは入社時から研修中に話しかけてくれたり、オフィスにもたびたび足を運んでくれているから顔と名前が一致する。

「それにしてもまた数字が落ちてるなぁ。これから子守りもあるわけだし、活動時間減るのに大丈夫なんかなぁ。三上さんも、もっと短いスカートとかはかんと。おじさん客用に」

部長は平然と言う。この職場においては、ありふれた使い古されたジョーク。保険会社は女性が多い職場……というか営業に駆り出され、泥臭く働くのはほとんど、女性。一握り入社する男性はいわば高学歴エリート要員で、担当地域の100件投函や、夜訪なんてせずとも、支社や本社を統括する役職や、オフィス長として、働き蟻の女たちを管理する道を辿る。

一方で、営業の女性たちは成績を積み重ねに積み重ねてようやくヒラ営業職員からマスター、オフィス長、支社勤務の道が見えてくる。「女性」に優しい職場、「女性」が働きやすい職場、けれど上に立つ面々は、「男性」ばかり。働きやすさに誘われた女性たちは、替えの利く駒か働き蟻のように汗を流して踏ん張っているけれど、ほとんどは壊れて消えていく。

「そうよ！　若さ振りまいて保険取ってきなさーい！　ミニスカートでかわいいパンティーでもはいてね」

オフィス長もそんなことを言って、ドッと笑いが起きる。下ネタと呼ばれる笑い……お笑い芸人さんが発するものなら嫌いじゃないけれど、画面の中ではなく、目の前で、それも自分を対象に繰り広げられると眩暈がする。

「あ、そういえば、これ。預かってたんだけど」

圧しつぶされそうな中で部長から手渡されたのは社内便の封筒。そこには、「アイデアコンテスト添削」とあったので思わず飛びついた。トイレに行くふりをして、非常階段で、はさみはないから指先でいびつになりながらも封を切る。

そうだ、私にはこれがある。このコンテストは保険会社で生きていく私の心の拠りどころ。底辺保険屋だけれど、このコンテストで私は会社を変える一石を投じているのだ……。そう信じつつ、取り出した封筒の中身のA3の紙。そこには私が提出した応募用紙のコピー。そして赤文字で、

【LGBTQ+という奇抜なアイデアは今どきであると思うものの、非現実的ですね】

と、社長の一言が添えられていた。奇抜なアイデア……非現実的……。参加賞らしきハピ郎のステッカーが封筒から落ちる。良いアイデアに贈られる10万円は当然ない。いや、お金なんてどうでもいい。

確かに、私の送ったアイデアは、今すぐ商品化しましょうという内容ではなかったかもしれ

ない。けれど、LGBTQ+フレンドリーの会社だから……少しでも寄り添った反応があることを期待していた。にもかかわらず……簡単に切り捨てられてしまった。そんなもんだったんだ。就職説明会で、LGBTQ+フレンドリーという文言を見つけたときの喜びは、まだ私の心にあるというのに。気がつくと涙が零れていた。声を殺して泣いた。

「三上って泣かないね」、新人はマスターに泣かされるのが通過儀礼なのに、私は涙一滴零さないのでそう言われたことがある。契約が取れない、成績がふるわない、ノルマが達成できないのは、泣いてどうにもならないことなんてわかってるから泣くなんてバカバカしくて、涙一粒出たことがなかった。私がオフィスの入る建物で泣いたのは、これが最初で最後だった。

涙が落ち着いたころ、オフィスに戻った。トイレから戻るのがやたら遅いと突っ込まれたら、「お客様から電話がかかってきちゃって」とごまかそうと思ったが、そこに触れる人はいなかった。荷物をまとめてオフィスを出る。拠りどころをなくした私の心はグチャグチャだった。これからどうしよう。このままここにいてもいいの？　でもまだ働き出して1年も経っていない。

「あ、お疲れ様ですぅ」

聞き慣れない声に顔を上げると、先ほどの中途採用の女性がベビーカーと共にエレベーターを待っていた。赤ちゃんはベビーカーの中でぼんやりとスマホを見つめている。

「ご挨拶まででしたよねぇ。私、菅野彩音《かんのあやね》です。今月から支社で研修してます。よろしくお願いしますぅ」

「三上杏です。どうぞよろし……」

「ところでぇ」

ススス ッと近寄ってきて、耳打ちをしてくる。

「ぶっちゃけ、ここの会社ってどうっすか」

「え?」

「私高卒で、ずーっとフリーターでバイトとかしてたから、正社員初なんすよ。この子、産まれてからは専業主婦だったし。パートとかしようかなって思ってるときに、ここに誘われたんすけど……正直ノルマとかできるか不安で」

たぶん、私がオフィスで一番若いし、勤続年数も短いし、聞きやすそうだから聞いているんだろうなぁ。だって、ベテラン層に聞いても本音なんて言ってくれないもん。さて、どうです? なんて聞かれたら……どう返すかって……それはまぁ、もちろん……。

「働きやすいと思いますよ。やりがいのある仕事ですし。皆さん優しいですから。ノルマ……

も一応ありますけど、それはノルマというよりも自分の目標ですから」

嘘をついていた。本当は壊れる人がいること、給与が９００円になること、過呼吸で倒れる人がいて、それが当たり前であること……すべて言ってやろうと思った。言えなかった。なぜかはわからない。言ったほうが彼女のためになるはずなのに、私はこの地獄に、無垢な人を道連れにしようとしている、自分が内定者だったときに言われたセリフをそっくりそのまま返していた。働き始めてから上達した嘘を菅野さんは真に受け、「安心しました」と目を細めてベビーカーを押して去っていった。罪悪感がないわけじゃなかった。

「じゃあ月水は村上チーム、木金は……」

翌日出社すると、ホワイトボードには時間割りのように月曜午前、月曜午後、火曜午前……と日程が組まれていた。それは赤ちゃんを子守りするチーム分担の日程だった。あぁ、また未婚だからとか、子どももいないからといじられるのかと思うと息がしづらくなる。

オフィスには、コンプライアンス相談窓口の電話番号が貼られている。セクハラ相談窓口、パワハラ窓口に加えて、ＬＧＢＴＱ＋相談窓口もある。

一度その番号にかけて匿名で相談したものの、「それは大変ですねえ」とやんわり受け流されて、終わり。もしかしたら今、ＬＧＢＴＱ＋がメディアで取り上げられているから、ただ乗っかっただけなのだろうか？　こんな思いをさせられるくらいなら、はなから掲げないでほしかった。心の拠りどころであるアイデアコンテストを失い、そこからは転がり落ちるように落ちていった年の瀬だった。

19

年が明け、バレンタインだからと実費のチョコを配り歩いた2月、ついに限界が来て死にたいと思った。皮肉にも、保険金のことがよぎって死に損なった。けれど、夕方になるころには、また死にたさが、吐しゃ物みたいに込み上げてきた。夜訪に行くと嘘をつき、オフィスを出て帰路につく。まっすぐ帰ろうとしたけれど、帰れなかった。横断歩道を見ると飛び込みたくなる。電車を見ると跳ねられたくなる。歩道橋からはダイブしたくなる。「ＱＫＪ」に行きたいけれど、店の側には川がある……入水したくなる。死にとりつかれつつ、トボトボあてもなく、

手には酒の缶を持ち、歩く。友だちに連絡したくなった。連絡したらまた勧誘ではないかと身構えられるかも……相手を不快にさせてしまうかもしれない。

「もう疲れた」

自殺で保険金が出ようが出まいがどうでもいいから、契約とノルマのことを考えなくていい世界に行きたい。公園のベンチで足を投げ出し、ヒールは脱ぎ捨て、崩れそうな体を左手で支え、右手に握った酒を一気飲みして、天を仰ぐ。夜の公園なんてナンパや不審者、露出狂もたくさんいそうだ。さっきから何人か男がこちらを一瞥するものの、性欲をあり余らせた野郎どもでさえ、こいつはヤバいと逃げていく。

「おーっす！」

電話が鳴る。発信元は、マサだった。

「あんたは元気でいいね。こっちは仕事で死にそうなんだけど、なんの用？」

「しけた声だなぁ。でもちょうどいいや。来週、店でイベントやるっていうからそのお知らせだよ。来るだろ？」

「ＱＫＪ」では、定期的にイベントを開催していた。ＬＧＢＴＱ＋当事者も、そうでない人も集まって美味しいものを食べて、話す。昼から夜まで出入り自由のイベントだ。私は、そのイベントの常連。自分とは異なるセクシャリティや生き方の人と話すのが楽しくて、ゲイの恋愛相談に乗ってみたり、ドラァグクイーンの美しさにうっとりしたり。でも……。

「いけない」

「え？　なんで？」

「だって、私が行くと保険屋が来たって空気を悪くする」

「勧誘しなきゃいいだけのことだろ。肉焼くんだとよ。奮発して和牛だぞ。しんどいときこそ、肉って法律で決まってんだから、来いよ」

「どこの国の法律だよ。とにかく人を見るともう、全人類保険に入ってくれるかどうかでしか見られなくなってるの、私。ダメなの」

「保険加入してやろっか」

「どうせ、枕営業したならとか言うんでしょ」

「お、ご名答、枕1回でどーよ？　男性ホルモン打つとムラムラくるんだよ。でも、やっぱりまだ胸板に2個脂肪の塊あると風俗に手も出せねぇし」

「バッカじゃないの」

電話を切る。遠くなる声が、焦って何か伝えようとしていたみたいだけれど、聞き取れなかった。どうせたいしたことじゃないだろう。それにしても枕営業ってなんだよ、人をバカにするのもいい加減にしてよ。くびれもないし、胸もぺったんこだけど、こちとらそんなに安くない。

あぁ、もう保険金なんていらない、どうせ私がどうこうできるお金じゃないんだし、死んじゃおうか、そうだ、遺書を書いておこう。思い立った私は、机を求めて横断歩道も歩道橋も渡らずに入れる喫茶店に入り、ルーズリーフに死ぬ旨となぜ死ぬのか……を掘り下げ、保険会社に入社した経緯……研修時代のことを書き綴った。

息をするのも忘れてボールペンを走らせると、すぐに3、4枚、埋まってしまう。ハッと我に返ってその書き殴った酷い文字に目を落とす、おもしろかった。

「なんだこれ、遺書にするにはおもしろすぎる」

自分の文字に思わず笑う。すると、死にたい衝動が少しずつ薄らいだ。とはいえ、またいつ衝動に突き動かされるかはわからない。遺書はクリアファイルに入れて仕事用の鞄に押し込んだ。喫茶店を出ると、もう横断歩道を見ても飛び込みたくはなかった。青信号で渡る。

2月のバカみたいに寒い風が心地よくて、歩いて帰ることにする。まぁまぁ距離はあるけれど、同じ都内だ、帰れなくはない。明日は土曜日だし、何時間かかってもいいと思って歩き始めたが、途中でヒールが折れて、また私を死にたくさせる。頭にきて、何に怒っているかもわからずに怒って、折れた片足のヒールを、「家庭ごみはいれないでください」という貼り紙など無視して、コンビニのごみ箱に突っ込んで、アンバランスに歩くと真横にコテンと転んだ。

何もかも嫌になる私の目に、「メンタルクリニック」の看板が飛び込んできた。

そういえば先日、久しぶりに会った同期が、メンタルクリニックに通っていると言ってた。彼女は辞めたいけれど、辞められなくて、退職届を書いても書いても破り捨てられて、眠れなくなったそうだ。精神科というとなんだか仰々しいが、ストレス社会の今、メンタルクリニックに行くのは珍しくないだろう。その番号をメモした。病院に行かなくてはいけないほど自分は病んではいないと思う……ただ、誰かに話を聞いてほしかった。

20

会社にはアポがあると伝えて、メンタルクリニックに向かった。

「契約につながるアポなの？」

マスターに聞かれ、迷うことなく、

「友だちのお父さんで見直し考えているそうで」

と答えていた。

そろそろ「日本アカデミー賞助演女優賞」の話が来てもおかしくないほど、私は口から真実ではない言葉を発するのがうまくなった。

「あ、まただ……」

歩いていると胸に違和感、最近よくあるのだ。なんというか落ちていく感じがする。浮遊感とでも言おうか。垂直落下系のアトラクションに乗っているみたい。ここは平地だというのに。いつも私の心臓は急上昇と、急降下を繰り返している。急上昇し、酸素のない大気圏に行ったと思いきや、急降下の末に、まるで海に落ちて溺れているようだ。よろめきながらメンタルクリニックの扉を叩いた。

雑居ビルの3階。雰囲気は明るく、きれいで入りやすい。保険証を出して、問診票を書く。待合室に腰掛け、呼ばれたのは予約時間の45分を過ぎていた。それだけ、この世界は生きづらいのだと思った。

「辞めてもいいんじゃないですかねぇ」

私の名前を呼び、診察室に招いたのは、「ジャムおじさん」のような穏やかな精神科医だった。「今日はどうしたの？」の問いにどこから話していいかわからず、たどたどしくイチから現状を語り終えた私に、彼はスッパリと、アンパンマンに新しい顔を投げるかのように潔くそう告げた。

「いやぁ、保険会社って大変と聞きますが、なかなかですねぇ。とんでもないところで三上さんは、よくがんばっていますよぉ」

ニッコリと、焼きたてのパンのような温かい笑みをこちらに向けた。のんびりした口ぶりに肩の力がスンと抜けた。

契約を、絶対的な神として洗脳されている私。「とんでもない」業務が日常なので、「とんでもない」とすら思えないから、第三者が「とんでもない」と一蹴《いっしゅう》してくれたことで正常な感覚が戻ってきた気がした。

寒くもないのになぜか体が震える。おかしいのは私じゃなくて、会社なのか。「よくがんばっていますねぇ」という言葉に涙が出た。がんばっても、がんばっても、成績やノルマに反映しなければ、がんばりを認めてもらえない世界で生きている私にとって、直球にほめられることは全身の毛穴が開くほどうれしかった。

だが……。

「や、辞めるのはちょっと、まだ……」

「そうですか？　道はいくらでもあるでしょう、まだお若いですし」

「……辞めるのが怖いんです」

「どうして？」

「3年同じ職場で働かないと、転職のときに不利って聞きますし……もし、次の仕事が見つからなかったら……仕事がなくなるのは嫌ですし……お客さんへの責任も……」

「うーん。3年ねぇ。そんなことないとは思うけど……。あ、じゃあこういうのはどう？　休職してみるのは」

「求職……今の仕事と並行してハローワークとかに行くってことですか？　そんな体力残ってないです」

「ううん、求める職じゃなく、休む職の休職。会社に籍を置いたままお休みするんだよ」

休む、それはなんだか新鮮なフレーズだった。オフィス内では休むなんて禁忌《きんき》だ。止まったら死ぬサメのように誰もがアポを取り、お客さんのところに行き、とにかく動いている。熱があろうと、生理痛が酷かろうと、止まったら死ぬから動き続けている。だから休むという言葉に少したじろぎすらした。

「自分では気づいていないかもしれないけど、三上さん、相当追い詰められていますよ。少し立ち止まって自分を大事にする時間が必要です。辞めるか辞めないか、休職中にゆっくり考えてもいいですし、なんなら休職中に無理のない範囲で転職活動してもいいじゃないですか。それに休職なら会社にもよると思いますが、お給料も出ますよ」

「……でも休むなんて……」

「そもそも、日本人は働きすぎなんですよ。海外なんてバカンスで半年休む人もいますよ。僕らの時代は24時間働けますか、なんて言われてたけど……仕事より命のほうが大事ですからね。今はゆっくり休みましょう」

「……あの、私はなにかの病気なんですか」

休むことに対する背徳感。もしも、がんとか、骨折とか、そういう明確な病名があれば抵抗もなくなるだろうが、私は自分を病気だとは思わない。ほかの社員のようにできていない自分が悪いだけ。

医師の目から見たらどうなのだろう？　もしも、病名がつかないのならば、休職の提案はきっぱり断ろう。

「そうだな……自律神経失調症……かな。あと、眠れないんだよね」

「はい」

「睡眠障がいもあるかな……うーん休職するなら診断書、書きますよ？　どれにします？　自律神経失調症にしておきます？」

まるでファストフード店で、サイドメニューをポテトにする？　ナゲットにする？　みたいな軽い聞き方をされる。それになんだか拍子抜け。病気……死ぬ衝動に駆られたり、胸の苦しさ、眠りにつけず酒を煽り、寝ても悪夢にうなされる。ここ最近のことすべてが病気なんだと、ラベルづけすると腑に落ちた。あぁ、私、病気なんだ。一度そう認めてしまうと、休むことへの背徳感も薄らいだ。辞める勇気もなくて、戦い続けるヒットポイントも残っていない私には、一番良い選択に思えた。先生の言う通り、ゆっくり休んで考えてもいいのかもしれない。ただ、私一人が欠けることによって、オフィス全体に課せられたノルマから、私に割り振られている分を誰かに負担させてしまう……罪悪感に息を呑む。

すぐに「まぁいいか」と思った。

私のノルマなんてベテランにとっては屁でもない数字だ。

診察室に入る前の、休むことはいけないことという価値観が、１８０度変わった。

「……休職の方向でお願いします」

「じゃあ、診断書、書くね。期間はどうする？」

「なるべく短いほうがいいです」

「三か月くらいにしておこうか」

長いほうがゆっくり休めそうだけれど、これだけ駆け回り自分を削って生きてきたのに、いざゆっくりと休暇を与えられることが想像できず、迷った。

「仕事は三上さんのすべてじゃないからね。休むことも、辞めることも、悪いことじゃないから。それだけは忘れないでね」

診察室から出るときにそう言われた。会計で診断書をもらい、オフィスに何食わぬ顔して戻るけれど、マスターやオフィス長を前にするとソレを出せない。……皆、普通に成績やノルマと戦っているのに、できない私のほうがおかしいのに、休みたいなんて生意気じゃないか、被害妄想だと言われるのではないか……診察室で変わった価値観は、一時的なもので、このまま破り捨てちゃおうか……と、3000円近くした診断書を引き裂こうとすら考える。

「私、やっと辞められたよ」

同期の一人から電話がかかってきた。

退職届を何度もオフィス長に出しては破り捨てられ、メンタルクリニックに行っていると、以前話していたあの子だ。

「辞められたんだ、よかったね」

「最後の手段使ったからね」

「最後の手段？」

「退職届出しても破り捨てられるから、本社に内容証明郵便で送ったの」

「なにそれ？」

「受け取ったら絶対にあけなきゃいけない郵便物。それ送ってオフィス行くのやめて、電話も全部無視したら自然に辞められたよ。みかんちゃんも無理しないようにね。早く辞めるべきだと私は思うよ」

まだ1年も経っていないのに、三年神話を無視して、同期は次々に辞めていく。3年働かないと転職先が見つからないのに、辞めるなんてきっと露頭に迷うだろうと、この会社から去っていく人たちを哀れんでいたけれど、皆、次の仕事を見つけ、新しい職場で生き生きと働いている。

辞めた同期がちがう職場で元気でやっている報告を受けると気が狂いそうになり、辞めたやつらは全員不幸であってほしいとすら思う。

そうでないと、こんなにも正社員であることにしがみつき、三年神話を信仰している私がバカらしくなる。辞めた人は全員辞めたことを悔やんで惨めったらしく生きてほしいのに、辞めた子たちのほうがなぜか幸せそうで、私の心を揺さぶる。

休職したいと面と向かって言えないから、その旨を書いた手紙と診断書を内容証明郵便で支社に送った。

すると、すぐにオフィス長に話が通ったらしい。ひっそりと呼び出されて、「休むんだって？しっかり休んでね。それにしてもどうして言ってくれないのよ、言いづらかった？」と笑われた。休職すべくロッカーの物を整理していると、マスターからは、「3か月休んで復帰したら7月戦に間に合うね」と言われた。その二人にしか話は伝わっていないようだ。

自分の口から「休みます」というのは申し訳なく、ほかの面々に合わせる顔がなく、休職生活に入った。

21

休職生活は、まず、いつも通りにスーツに着替えて家を出ることから始まる。

7時に家を出て、オフィスの最寄り駅に着く。休職扱いになっている私は、当然、オフィスには行けるわけもなく、ネットカフェの個室や無料で開放しているスーパーの休憩スペース、公園のベンチで、ただただ時間が過ぎるのを待ち、定時になるころに家に帰る……生活をしていた。休むならば、家で休めばいい。ネットカフェの出費だってバカにならない。ただでさえ安月給で、休職中はそのうちの何割しか出ないというのに、その出費は打撃だ。家ならば家賃さえ払えば、ずっといてもいい。本来、仕事中の昼間に家にいようと追加料金などかからない。でも私にはそれができない。休職を選んだはいいものの、やはり、休むということへの後ろめたさに支配されていた。

成績やノルマに追われなくていい。契約を取らなくたっていい。心に余裕が生まれた。けれど、なぜか休職し始めてから意味なく泣くようになった。いや、泣くというよりも、涙の垂れ流しといった感じだ。感動したとか、悲しんだからとか、そういう理由があって涙は出るけれど、私の場合は感情など無視してただ涙がぼろぼろ垂れている、異常な状態だった。呼吸するように泣いている。悲しいわけでも、何かに胸を打たれているわけでもないのだ。

もしかしたら、世間では皆が働いている中で、ネットカフェの個室に横たわっていると、「あぁ、自分は社会に不要な人間だ」「休職なんて情けない」という感情が、体内で行き場なくムクムクと膨れ上がり、涙腺を刺激しているのかもしれない。涙を垂れ流していると1時間なんてすぐだし、1か月さえもあっという間だった。

干からびてしまうかと思ったけれど、干からびることなく私は休職2か月目を迎えた。

相変わらず私は、スーツを着ていつも通りに家を出る生活を続けていた。とはいえ、行き先は変えた。ネットカフェではなく、ハローワークにしたのだ。既卒3年目までは、新卒と同じ扱いで若者コーナーを使えるらしく、登録証を作り、相談を始めた。

「まだ既卒2年目ならたくさん求人ありますよ」

と、差し出された求人は、ほとんどが介護か配送の仕事だった。選り好みするわけではないが……介護……人の命を預かるような尊い仕事は、ドジな自分には向かない気がした。配送なんてペーパードライバーだしなぁ……。

「あの、別の保険会社の求人ってありませんか」

約1年、保険商品に携わってきて少しは知識がある。ハピネス生命以外の保険会社で働くのはどうだろうか……もっと成績やノルマが緩和されている会社もあるのではないかと。

「保険会社なんてどこも一緒よ」

と、一蹴された。それからもハローワークには通った。いいなと思う求人はあった。けれど、いけないことではないのに、ハピネス生命にまだ籍があるにもかかわらず応募していいのか？という偽物の良心に揺さぶられた。応募できぬ求人票でパンパンになったファイルを抱え、進むことも退くこともできぬまま、ただ時間だけを貪《むさぼ》って休職期間は残り1か月となり、復帰するか、辞めるかを考えなくてはならなくなってきた。

「どうする？　休職を延長することもできるよ、最長半年だから、あと3か月」

主治医の問いかけへの、ベストアンサーがわからない。

「もう少し考えてもいいですか」

復帰するか？　辞めるか？　答えの出せない私の電話が鳴る。メンタルクリニックからの帰り道、路地で立ち止まり通話ボタンを押した。知らない番号だ。発信元がわからない着信には出ないという人も多いだろうが、営業という仕事はあちこちで電話番号をバラまいている。こちらが登録していなくても、向こうは、「保険会社の三上さん」と認識してかけていることが多いので、迷わず通話ボタンを押す。

「あ、保険屋さんですか？」

「はい、ハピネス生命の……三上です」

休職中だから名乗るのに少し躊躇いがあり、声が震えた。

「私、三丁目の山田です」

「山田様、どうかなさいましたか」

一度、定期訪問で伺った90歳近いおばあさん。旦那さんを亡くして、娘夫婦も関西のほうに住んでいるので独りで暮らしている。私の訪問を孫の帰省のように喜んでくれて、寂しいのか、訪問した際に1時間近くお話をした。お茶やお菓子もたくさん出してくれ、別れ際に、お小遣いまで出してくれようとした人だ(もちろん断ったけれど)。

「私ね、転んじゃったんですよ。お庭やってるときに。足が折れて入院してたの」

「え! 大丈夫ですか? お買い物とか、身の回りのことは」

「それはご近所の方に助けてもらってるから平気。明後日には娘がこっちに来てくれるって言うし」

「そ……それはよかったです」

「それでね、保険屋さんに伺いたいのだけど、私の保険って、入院の……お金出ますかねぇ」

「あ、今すぐにはわからないのでオフィスに戻って調べま……」

ハッと気づく。今、休職中なんだった。オフィスに戻って加入している保険の契約内容を印刷して、保険金が出るかどうかを問い合わせる。本社の窓口に電話して、支払い可能かどうかを調べるなんて今の私にはできないのだ。

「山田様……すみません。今、私も少し……お休みを頂いていまして」

「あら、まあ、もしかしておめでた？」

「あ、いえ！　ええっと、私も少しケガをしてしまって」

「まあ、お互い大変ねえ」

「この件は、上司にしっかりと伝えて対応してもらいますので、ご安心ください。私も復帰しましたら、お見舞いに伺いますので」

「まぁまぁ、ありがとう。本当に頼りになる保険屋さんね」

辞める勇気もないが、復帰する覚悟なんてあるわけなかった。保険金対応はできなくても、山田様のお見舞いに行かなくてはと思った。そのためには復帰するしかない。会社を辞めてからお客様に会うのはご法度だ。それに、私が担当するお客様が病気や入院で困ったときに頼れるのは私だけだ。年配で契約にはつながらなくとも、私のお客様。投げ出すわけにはいかない。

脆《もろ》いくせに、責任感が無駄に強くて、頼られると自分を削ってでも応じようとする、その悪い癖が発動した。保険屋に戻るしかない。上条マスターに電話して、山田様のことを伝え、対応を頼んだ。

「で、三上はいつ戻ってくるの？」

　私は恐る恐る、

「来月です」

と答えた。まだ医師からＧＯサインは出ていないけれど、もう復帰するつもりでいた。というかしなくちゃいけない気がする。厄介な責任感が背中を押す。

「ん、来月ね。わかった。がんばろうね」

「がんばります」

「でも、無理はしなくていいからね」

　マスターの声は入社する前のような優しさを含んでいた。その一言で都合の良い頭はコロッと落ちる。喉元過ぎれば熱さを忘れるというけれど、まさしくそんな感じで、マスターの優しい声色と言葉であのオフィスに響く怒声も忘れてしまう。入社前の真っ新な、ただただハピネス生命という会社と保険の仕事に憧れていたころに戻る。

　そうして、１件も契約につながらないおばあさんの力になりたい一心で、勢いで、復帰することにした。

22

「今日から三上さんが戻ってきました」

「ご迷惑をおかけしました。またどうぞよろしくお願いいたします」

オフィス勤務になったときのように、みんなの前で転校生のように挨拶をして、私は復帰し、2年目を迎えた。休んで迷惑をかけたからと、オフィスの全員にお菓子を配りながら見渡すオフィスの面々は、中途採用の人、新卒の人と数名新しい顔が増えていたけれど、変わり映えはしない。前と同じ席に座る。チーム編成も変わっていなかった。私は村上チームだ。「久しぶり。休職なんていいな。休んで昼酒したいよう」と笑うのはルミさん。そして、「なに言ってるのよう」とたしなめるのが村上リーダー。緒方さんはどうして忠告を無視して戻ってきたんだ……という視線を送る。あの赤ちゃん連れだった菅野さんも同じチームだ。

休職明けの私の目にやたら飛び込んできたのは、「ブロ」という単語だった。社員証にも、壁の成績一覧にも「ブロ・三上」とある。ブロ……とは、ブロンズのブロの略。ハピネス生命では2年目までが新人として扱われるけれど、2年目になると1年目に挙げた契約に応じてランクづけをされる。下からブロンズ、シルバー、ゴールド、プラチナ。そして、2年目が始まると、そこからは3年目、4年目と、ずーっと半年に一度、契約数に応じて今のランクを維持できるか、はたまた上がれるのか、下がってしまうのかを査定する「職選」というシステムがあった。ちなみに、どのランクかによって給料に上乗せが生じてくるというシビアなものだ。

「まさか、うちのオフィスからブロが出るなんてね。またオフィス長、会議でどやされちゃうわ」

私のランク、ブロンズは一番下だ。3年目以降の人は成績が振るわず、ブロンズになることもあるけれど、2年目でブロンズなんていない。誰でも1年目から2年目に上がるときには、最低シルバーにはなれるのにと嘆いた。

「でも、休職していたわけですし、これからがんばればねぇ。私もフォローしますから」

村上リーダーが呑気な声でフォローしてくれるものの、オフィス長はそれを聞き流した。

「いい？　次の半年で絶対にシルバーに上がってね。ブロンズなんてありえないから。むしろ、ゴールド目指すつもりでやって」

「はい」

その様子に、中途採用の菅野さんはコソッと私に耳打ちする。

「保険会社ってヤバくないっすか……怖いっす」

「こんなもんだよ」

そう言葉を返しながら、ふと、有村さんのことを思い出した。哀れみ交じりの優しさで、年上の後輩に接するたび、有村さんもこんな気持ちでなんにもまだわかっていない私を見ていたのだろうか、接してくれていたのだろうかと思う。彼女は今は、何をしているのだろう。元気だといいけれど……。

休職明けとはいえ、特別扱いされることはない。ノルマは当然ある。ノルマと戦うために私は復帰したのだから……。

自分はここでしか生きられないと暗示をかけて、地道に足を動かした。復帰のきっかけになった山田様の元にお見舞いにも行った。契約には結びつかないけれど、「気にかけてくれてありがとうねぇ」と微笑まれて、やりがいを覚えた。以前、定期点検に行った人たちから、少しずつ契約も取れるようになってきた矢先……平手打ちのような衝撃の再会が待っていた。

「みかんちゃん」

ふらつく足取りでオフィスを出ると、後ろからそう声をかけられた。誰だっけ？　この声。聞き覚えがある……。最近、頭の中でこの声を懐かしんだ気がする。……ふと声のほうを振り返り、ゾッとした。

「あ、有村……さん？」

もともと細身だったけれど、より細くなっている。それはスタイルがいいとかの細さではなく、痩せこけたというのがしっくりくる、不健康な細さだった。有村さんの声帯を奪った骸骨のようだ。服だって、かつてのかわいらしいものではなく、伸びたTシャツに毛玉のついたスウェットを着ている。

「お久しぶりで」

「この時期なら〆切も終わってるよね。よかったらお茶しない？」

「え、あの」

あの契約のことが後ろめたい。話したいことはあるけれど、すべて言いわけめいてしまう。自分本位の言いわけをしたら、また傷つけてしまうかもしれない。ならば、この場を立ち去りたい。適当なアポがあるとか、夜訪をするとか、いくらでも取り繕えるフレーズはあるけれど、保険会社の内情を知る彼女が言う通り、〆切が終わっていてこんな時間からのアポや夜訪は普通はない。どうしよう……。

「少しくらい付き合ってくれてもいいじゃない、私の契約を奪ったんだから」

刺さるような眼差しを向けられる。

「あの……それは……」

だって、マスターが……と言おうと思ったけれど、マスターのせいだけじゃない。誘ったのは、マスター。そして、それに乗ったのは私だ。同罪である。もっと悪いことをしている人はこの仕事にはたくさんいる。保険のことをお客さんが詳しくないからって、成績のために割高の契約を勧めたり、年金暮らしの人に不要な契約をさせたり……億単位の金額の横領をしていた保険屋さんの話もニュースで見た。上を見ればいくらでも悪い人はいる。それに比べたら、私がしたことは罪というほど汚くない。契約違反ですらない。けれど、彼女を傷つけたのならばこれは罪なんだ。……目の前の、瞬きをしない、責めるような眼差しがそう物語っている。

「本当にごめんなさい」

「謝るくらいなら顔、貸してくんない?」

5分後、私は有村さんと「ドトール」で机を挟み向かい合っていた。それも喫煙室で。保険会社の職員は、「喫煙は健康を害します、禁煙しましょう」というポスターをオフィス中に掲げながらも、喫煙率が高い。オフィス長、マスター、村上リーダー、ルミさん、緒方さん、ほとんど全員が喫煙者だ。そのなかで唯一、有村さんと私は煙草は吸わなかった。けれど、彼女は有無を言わせず喫煙席のほうに足を進め、椅子に腰かけるなり細い煙草に火をつけて、灰色の息を吐いた。

私は煙草の煙が好きではない。この仕事を始めて先輩社員と同行して少し慣れてしまったけれど、喫煙席に座り、目の前で煙草を吸われると頭がクラクラする。百歩譲って電子煙草ならば、少しは平気なのだけれど。

「私、告発しようと思うの」

「告発……」

煙草を吸っている間、彼女は一言も言葉を発さなかった。私は、咳き込みそうなのを堪えつつ、とてつもなく緊張していた。なんて話しかけよう。「お元気ですか」は、お元気ではなさそうだしなぁ……。

保険屋になってからたくさんの人と机を挟んで対峙してきた。気難しいお客さん、胸元ばかり見てくるお客さん、クレーマー気質のお客さん、保険屋嫌いのお客さん、いろいろな人がいたけれど、今が一番緊張している。やっとは口を開いたかと思ったら、予想外のフレーズに耳を疑った。告発。

「そう。あの会社のことおかしいと思ったことない？」

「なくはないですけれど」

確かにおかしい。サービス残業、サービス出勤、横行するパワハラ、セクハラ。皆、おかしいと思いつつも気にしていない。外から見ればおかしくても内側から見てみると、おかしいと疑問を抱くこと自体がおかしい。おかしいのが、あの小さくて大きい世界の常識なのだ。

「それに知ってる？　あの会社って、正社員じゃないんだよ」

え？　いや、会社説明会のときに確かに正社員だと言われた。それに正社員じゃないとしたら私は今なんだ？　パート？　アルバイト？

「見て」

鞄から取り出したのはハピネス生命の会社のパンフレットだ。懐かしい表紙、内定者だったころ、アイドル雑誌を眺めるように何度も繰り返し開いた。その最後のページにある募集要項には、確かに「正社員」の文字があった。

「正社員ってありますよ」

「正社員の場合は、労働条件通知書っていう書類を書くんだけど書いた？」

「え、書いてないと思います」

「それに確定申告なんかも自分でしてるよね」

「会社が提携している収納サービスにお金払ってやってもらってます」

「お客さんにあげるものも、全部給与天引きの自腹でしょう」

「はい」

「……そういうのも全部おかしいのよ。私、兄が法律に詳しくていろいろ調べてもらったんだけど、ハピネス生命……というか、ほとんどの保険会社は正社員とか言いつつ、ただの外務嘱託なの。会社の名前を借りている、ただの個人商店。正社員じゃない」

その衝撃は、「ノルマはないよ、あるのは目標」と言われて入社したら、現実ノルマに牙をむかれたとき以上だった。言われてみれば確かに妙に納得する。ルミさんの月9000円の給料だって、労働基準法……詳しくはないが、素人目でもそれってどうなの？　と思っていた。正社員じゃないのならば、最低賃金云々なくたってアウトじゃないんだろう。心では理解できないけれど、頭ではわかってる。

「辞めてからずっと調べてた……告発してやろうって。……このこと、週刊誌やテレビ局に送るつもり」

「そ、そこまでしなくても」

「あなたは頭にこないの？　私たち、ずっと騙されてたんだよ。生保レディはみんなかわいそう。甘い言葉に誘われて入社して、心も体も壊しながら……捨て駒みたいに使われて、病んだって、いくらでも代わりはいるから心配もされない」

「でも……告発なんてやめましょう？　大きい会社だし、なにをされるかわからないし……」

「泣き寝入りしろって言うの？」

ほかのテーブルの人がチラチラこちらを見ている。好奇の目だ。確かに会社のことはおかしいとは思う。けれど、告発なんて穏便じゃない。まるで中指立てて喧嘩を売っているみたいであとが怖い。

「みかんちゃんのせいなのに協力してくれないの」

「契約のことは……横取りするような真似して本当にごめんなさい、でも」

「ちがう、そうじゃない。それもあるけれど……。それだけじゃない。私、本当はもっと早くに辞めるつもりだったの。1年目に定期点検で一人で行った家で、独身のおじさんに太腿を触られそうになって……触らせてくれたら契約してあげる、って言われて。……本当に怖かった。……でも枕営業をジョークにしたりしているあの環境じゃ、誰にも相談できなくて。……そこからどんどん精神的に追い詰められていった。契約が上げられなくて、ノルマがこなせなくて、辞めるつもりだった。でもね、みかんちゃん。内定者研修でたまにオフィスに来てたよね。そのとき私になんて言ったか覚えている？」

「え」

内定者研修や、マスターに呼ばれて来春から働くオフィスによく招かれていた、大学4年生の秋から冬のことだ。あのころは、先輩になる人の顔と名前が一致せず、どこか浮足立った気持ちで、まだお客様扱いでチヤホヤされて、憧れの会社に就職する自分に酔ってしまっていて、よく覚えていない。

「覚えてないよね。きっと何気なく言ったんだもんね。でもね……憧れます……って言ってくれたの、私のこと」

悲しいほどに白い頬と、血の通っていない唇で力なく、私が言ったかもしれないけれどはっきりと覚えてはいない言葉を思い出しながら力なく笑った。

「内定者としてオフィスに来ていたみかんちゃんは、先輩たちのおもちゃにされていたよね。化粧が下手だからって無理矢理化粧をされたり、下ネタでいじられたり。嫌そうなのに、ヘラヘラしてて、あぁきっとこの子はここでうまく生きていけないだろうな、今からでも内定辞退したらいいのに、ご愁傷様、こっちは地獄よって憐れんでいたし、この子が入社してくるとき、きっと私はもう辞めているだろうなって思った。でも、あなたがオフィスの廊下で私とすれちがったときに言ったのよ……憧れますって」

オフィスの廊下……その単語に記憶が蘇る。いつかはわからないけれど、オフィスから帰るときで、有村さん……と、そのときは名前はわからなかったが、華やかで綺麗な人とすれちがったことを。そのとき、年齢はそんなに変わらなそうなのに、「その保険はどうのこうの」と電話越しに語りながら、耳たぶに赤いイヤリング揺らしながら颯爽とヒールの音を響かせる姿に、確かに彼女の電話が終わるのと同時に話しかけた気がする。憧れると、口にした気がする。

「そのとき、電話してたのは本当は友だちが入ってくれた保険を解約したいって言ってきて、なんとか引き留めてたの。それなのに、目をキラキラさせてこっちを見てくるんだもん……そんなこと言われたら辞められないなって。……せめてあなたが入社してくるまではがんばろうかな……入社したら守って力になってあげなきゃ、守ってあげなくちゃなって……なるよ……」

遠い目をして、彼女は力なく笑う。

「お願い、私一人じゃできない……告発に協力して」

その圧に思わず、コクリとうなずいてしまう、すると彼女は、ニッコリと、不気味だけれど可憐さが残る笑顔を見せた。そのアンバランスさに、鳥肌を誘われる。

第4章

免責事由

23

「ねぇ、このアポの相手、誰？」

一日の予定を書くホワイトボードに書いた、「14時、有田さま」という偽名のアポを怪訝そうにマスターは見つめる。すかさず、用意していたセリフめいた言葉を言う。

「大学の先生です、他社からのお乗り換えを検討していて。加入状況を聞いて来ます」

今日会うのは、契約にもならない、アンケートも取れない、会社に謀反を起こそうと企てている元先輩社員だと知る由もないマスターは、契約を鼓舞する言葉をかけて私を送り出す。

「……ここかな」

待ち合わせは隣町。指定されたのは年季の入っている純喫茶だった。コーヒーサイフォンがあり、蝶ネクタイの店主、テーブルには占いのマシンがある。店名は合っているはずだが、そこに有村さんの姿はない。競馬新聞を睨むおじさんと、老夫婦だけだ。

「お連れ様なら地下ですよ」

店主に渋い声で言われ、急な階段を地下へと下りて行く。告発の話を持ちかけてきたときは面食らった。今だってこれから何をするのだろうという不安でいっぱいだ。だが、大きなものに牙を剥く反骨心に少し酔っている。

スパイ気分。

3年はあの会社で働くという気持ちは変わらないくせに、少しワクワクしている自分もいる。忘れてきた中二病が再発しているみたいだ。もちろん、会社が引き起こす不条理への怒りも、凝り固まって私の心に沈殿している。

「有村さん」

「お疲れ様、座って」

奥のテーブルに待ち合わせの相手を見つけた。私に気づいた彼女は、吸っていた煙草を乱暴に灰皿に押しつける。机にはたくさんの紙。それは、会社の募集要項のコピー、そして、手書きの「マスコミの方へ」というA4用紙がどっさりと積まれている。10枚入りの封筒もなんと10パックも置かれている。

「これ、送るつもり」

「どこにですか」

「テレビ局、出版社、新聞社かな」

見せられた手帳には、名前を聞いたことがある有名なテレビ局、出版社、新聞社の住所が書かれていた。30社以上ある。私たちはまるで、内職のように黙々と紙を折っては封筒に入れ、宛名を書いては、手帳の名前にチェックを入れていく。オフィスでもお客様宛てにこういう作業はよくするけれど、それとはまたちがった緊張感だ。

「こ、これだけ送るなら、どこかからお返事が来たらいいですね」

「どこからも来なくても来るまでやる気ではいるけど。私、九州出身だから、そっちのローカルテレビ局とか……ウェブメディアも調べてる」

「はい……」

彼女のギラつく執念に、スパイ気分だなんて浮ついていた感情は地に落ち着いた。

1時間近くかけて封筒は完成した。アイスコーヒー1杯ずつで居座っていた私たちはようやく空腹を感じて、ハムサンドを頼んで食べた。パンを一口頬張ると、ジインと頬の奥に響く感じがした。

「来週もまたアポって言って出てこられる?」

「大丈夫です」

「労基に行こうと思うの。ついてきて」

「ろうき？　って、労働基準……」

「労働基準監督署。労働に関する警察みたいなところ。そこに相談するのもありかなぁって」

「わ、わかりました」

「じゃあ今日はこのへんで。それ出してきてくれる？」

告発用の封筒を指さして彼女は言う。

「え？　私がですか？」

どれにも切手は貼られていない。

「切手代……」

「立て替えておいて。私、今持ち合わせがないの。ここのお会計もね」

財布を見ると、先月の契約数から生まれた微々たる野口英世の顔が整列している。84円切手×約30……。ちょっと待って、そんなにうちの英世を連れて行かれたら困る……。けれど、これを送ることによってあの会社がどう変わるのかというちょっとの好奇心と、彼女に対しての罪悪感が躊躇《ためら》いを殺す。足を棒にして駆け回り頂いた契約は、少数の英世に変わり、そして、切手という羽になり飛んでいく。

「わ、わかりました」

「それとね、まだ告発するには少し弱いかもしれないから。これ。もし、オフィス内で証拠になりそうな発言があったらとってきて」

喫茶店の会計も済ませた別れ際、そっと手を握られてドキリとする。1秒後、手に固いものを乗せられた。推理ドラマでよく見るようなボイスレコーダーだった。なんとも本格的なスパイ気分だ。そのまま私たちは別れ、郵便局に向かい、英世にサヨナラを言う。

「あれ、みかん」

郵便局を出て繁華街を歩いていると、同期の一人に会った。そういえば、配属先のオフィスがこの辺りであった。彼女の腕にもたくさんの封筒がある。けれども、ちゃんとハピネス生命と印字されている封筒で、当然、告発用ではない。

「どしたの？　この辺でアポ？」

「あー、うん。そっちは？　これから夜訪でもするの？」

「いやー、もう1個の仕事に行くの。私、今キャバクラやってんだ」

「へぇ。そうなんだぁ」

「やっぱ、驚かないよね」

「副業やってる人、多いしね」

「みかんはなにもやってないの？」

「今のところはね。でも、そろそろ考えなきゃなかも」

「水商売系はやめなね。お金はいいけどメンタルやられる。私、昼も夜もボコボコ。じゃ、またね」

同期は足早に去っていく。明らかに、研修で毎日顔を合わせていたころからやつれてしまった背中は、夕暮れの歓楽街の中に消えていった。その姿を見ていると、自分が片足を踏み込んでいる告発への向き合い方が変わった。一滴の正義感めいたものが心の中に滴る。やっぱり、この会社はおかしい。契約を取ることが生命保険会社の本分なのはわかるけれど、だんだんと契約に首を絞められて、自らを犠牲にしてやつれていくなんて、変だ。

24

「はい、はい、保険会社ね」

翌週、私たちは魔王を倒す勇者のような意気込みで労基に乗り込んだ。労基は田舎の学校の体育館のような古びた建物で、魔王の城にしてはややしょぼく、拍子抜けしたが、中に入り受付で相談に来た旨と保険会社で働いていることを告げた。すると、まぁなんとも言えぬ、やる気ないぶっきらぼうな返答。手応えのなさに先行きの不安を感じた。いやいや、せっかく労基まで来たのだ、大丈夫、力になってくれるはず。きっとこの人が、特別お腹が空いているだけだろう、なんならポケットに入っている飴ちゃんでもあげようかと気持ちを奮い起こす。

けれど、番号札を渡されていざ呼ばれた相談カウンターでも、リアクションは先ほどの人と同じだった。

「あー、生保レディさんね」

はなからもう聞く価値なんてないとでも言いたげな態度である。カウンターを挟んだ向かいにいる初老の労基職員の「あー」には、ここにどんな覚悟で訪ねて来たかまったく察してくれていない、1ミリの同情の念すら含まれていなかった。それをくつがえしたくて、社内のことを前のめりになって話した。反応は変わらない。

「多いんですよ、生保レディのご相談は。でもね、あなたちの言う通り、正社員ではないわけですし、どうすることもできないんですよ」

「泣き寝入りするしかないんですか」

「そんな言い方をしなくても。あぁ、でも、確か以前にどこかの保険会社の人がここに来て、無謀だって止めても聞かずに会社と裁判した人はいましたよ。時間外労働や待遇をめぐって」

「それって結果は？」

「完敗ですよ。大きい会社にはお抱えの弁護士がいて、火消しするのに慣れているんですよ」

うなだれる有村さん。フゥと溜息を吐く労基職員さん。生まれる沈黙には、〝無駄〟という言葉が隠されている。大きな会社に喧嘩を売るなんて勝ち目がない。私たちなんて、どう楯突《たて》いたところで会社に相手にすらされない。もしも、あの告発用の封筒を見て、どこかのマスコミが食いついてきたらいいけれど、いまだに手紙に添えた二人の携帯電話に着信はない。

「あぁ、生き地獄だなー」

帰り道、サラリと有村さんが言った。

「みかんちゃんは辞めないの、ハピネス生命」

「辞めたいですけど、お客さんにも申し訳ないし」

「でも、私たちの代わりなんていくらでもいるよ。そうやってあの会社は回ってきて、これからも回っていくの。辞めちゃえばいいのに」

あまりにも辞めることを煽るので、少しイラつきながら私は口を開いた。

「……有村さんは、三年神話って知ってます？」

「言うよね、3年は同じ会社にいなくちゃいけない、3年以内に辞めたら根性ないって思われて、次の転職に響くってやつ。なに？　それのせいで辞められないの？」

「はい」

「私、それ知ってるけど、2年目で辞めちゃった。でも、辞めても別に死ぬわけじゃないし、むしろ辞めなかったほうが死んでた気がする。このままじゃみかんちゃんも三年神話と心中しちゃうよ」

3年以内に辞めたけれど、有村さんはやつれた顔ながらもスッキリとした顔で笑う。あぁ、もうこの人はノルマや契約の〆切がないのだなと、妬ましさがこみ上げてきたので慌てて飲み込む。

「ねぇ、お酒飲まない？」

「私、いいお店、知ってます」

「オフィスに帰らなくていいの？」

「適当にごまかします」

「あーあ。入社したてのころはあんなにいい子だったのに」

「だって、あの〝地獄変〟に約2年浸ったらさすがに染まりますよ」

「わかる、嘘がうまくなるよね」

マスターに夜訪をするという嘘の連絡をし、私たちは「QKJ」に向かった。いつも一人で来店する私が、誰かと店に来たことに、マサは驚き、それが職場の元先輩だと知った弥生さんは、何かを察したように「お疲れさん」と慈しみのまなざしを投げかける。

「いいお店、気に入っちゃった。でもさ。ここって……LGBTQ+向けのお店？ってことは、そっちの人なの？」

直球な質問だ。LGBTQ+であることや、タチかネコかだとかに不躾に踏み込むべきではない。デリケートな問題なのだ。異性愛者だって、いきなり「どんな体位が好きなんですか？」「早漏ですか？　遅漏ですか？」と聞かれたら不愉快だろう。それと同じスタンスだと、私は思っている。けれど、ほんのり酔った今、そう耳打ちされてもなぜか嫌な気持ちはせず、カクテルグラスを意味なくクルクルとソムリエ気分で回しながら、

「私、男の人も女の人も、その間の人も好きになれるし、付き合ったことがあるんです。恋愛で性別を重視してないんです」

と、返した。彼女は、「へぇ。性別で人を判断しないってステキ」と深くうなずいて、目を細めた。

こうやってちゃんとカミングアウトするのは初めてかもしれない。女子校のころは、カミングアウトするまでもなく皆の距離が近かった。異性愛者の子でも女の子同士腕を組んだり、なかにはキスしてる子もいたから、わざわざ自分が女性に友情以上の感情を抱くということを言う必要がなかった。

酒を飲み、マサの下ネタ交じりのジョークで、私たちは互いにもたれかかるように笑い崩れる。アンケート取りや契約で二人で歩くことはあったけれど、今のほうがずっと距離が縮まった気がした。彼女が会社を辞めたからだろうか？　私が休職を経たからだろうか？　一緒に会社という大きな敵と戦っているからだろうか？　親友のように会社への不満を肴に、シャンパンを開けた。

25

朝礼前のオフィスに響き渡る音は、マスターが中途採用の菅野さんの頭をバインダーで叩く音だった。

彼女は私以上に不器用で、よく言えば素直、悪く言えば要領が悪かった。簡単なミスをしたものの、ミスを指摘されてもミスそのものを理解できず、頭にクエスチョンマークを浮かべ、その見えない疑問符をモグラ叩きでもするようにバインダーが頭頂部目指して空を切る。

1年目の子たちはそれにビクつくけれど、私や先輩の面々は何食わぬ顔をしている。泣き声も、怒鳴り声も、すべてもう慣れてしまったのだ。朝礼で誰かが過呼吸を起こして倒れてしまっても、よくあることで終わりにできる。人間から保険屋という生き物に、ダーウィンもびっくりの進化を遂げている。

「では、朝礼を始めます」

6月でありながら、7月戦の喝入れに来ている支社のスーツ姿の男性が、「今から言うことを復唱してください。皆さん立ち上がって、手を前にどうぞ」と、「すしざんまい」の社長のようなポーズをとり、オペラ歌手ばりの声量で、

「あなたは、すてき！」

と、叫んだ。その声に面食らいながらも私たちも、

「あなたは、すてき！」

「私も、すてき！」

「私も、すてき！」

「全員スーパー実働！」

「全員スーパー実働！」

　全社員、「すしざんまい」のポーズをしながら言葉をリピートしていく。最後は、『北斗の拳』のラオウのように拳《こぶし》を突き上げた。ここはやっぱり宗教団体かもしれない。おかしいと誰もが思っている。しかし、誰もそれを口にしない。朝礼終わりに電話が鳴った。知らない番号だ。お客様だろうか？　廊下に出た。

「もしもし、三上杏さんのお電話でおまちがいないでしょうか」

「はい」

「私、○○テレビ報道局の一条と申します。お送りになりました資料とお手紙を拝見してご連絡しております」

メディアからの着信を待ってはいたけれど一向にその一報はなく、期待しつつも少し諦めモードだったが……ついに！　それも○○テレビなんて、今季観ているドラマも、毎週欠かさず観ているバラエティ番組もある。キー局だ！　まだ連絡が来ただけではあるが、強大な味方を手にした気分だった。

「弊社では今、ブラック企業や、若者の過労死、過労自殺について取り上げようと思っておりまして。ぜひ、一度お話を伺えればと思うのですが」

「は、はい！　もちろんです。よろしくお願いします」

電話を切り、有村さんにも連絡をする。彼女にも一足早く同じ一報があったようだ。

「めっちゃ大手ですね。やりましたね」

「うん……うん……よかった」

興奮気味に声を上げていると、仕事の電話のテンションではないと感づいたマスターが覗きに来たので、急いで戻る。とはいえ、いざ告発が前進すると少し怖くなった。

……きっと声を変えたり、顔は出さずに仮名で扱われるだろうけれど、私たちとバレるだろうか……。会社から何か言われるだろうか……。何か圧力をかけてくるだろうか……。鳥肌が立った。けれど怖いよりも、好奇心＋正義感が勝った。

「皆さん、これは私からの激励です。どうぞ。ご自身で食べて契約を取るパワーにしてもいいですし、大口契約が狙えそうな方にはプレゼントしてもいいですから、有意義な使い方をしてくださいね。ちなみに私の自費から出ています」

朝礼が終わったオフィス内では、桐箱入りのシャインマスカットが配られた。経費ではなく、オフィス長の自費だ。オフィス長はあれこれ餌や甘い水を用意して、私たちに契約を取らせせようと企てる。それにしても、シャインマスカットなんてスーパーで見て一房1500円くらいして驚いたのに、桐箱入り……。それを20名以上いるオフィス全員に……？　1年目の子は、「わぁ、美味しそう」と喜ぶものの、ほかの面々は少し引いていた。チャラ男が、彼女から手編みのセーターをプレゼントされたような気分だ。重い。

26

決戦は金曜日。

私はまたアポと嘘をついて、都内の一等地にあるテレビ局の最寄り駅にいた。

「いよいよですね」

「うん」

今日の有村さんは久しぶりにスーツをまとい、そしてほんのりと化粧を施して、アクセサリーも身に着けていた。壊れた心を繕って無理をしているようでもあった。口紅を塗り忘れている部分と、塗られた部分の色の濃淡があまりにもちがう。

「タクシーで行きましょうか。初乗りで行けるだろうし」

「ごめん、私、車は乗れないの」

「え?」

なぜと聞くと、マスターと二人で車でお客様訪問をしたことを思い出して息ができなくなるからだと答えた。ここに来るまでの電車の中でも苦しそうにしていて、まだ目的地ではないのに、「少し降りてもいいかな」と真っ白い顔で問いかけてきた。降りたホームのベンチで休み、最寄り駅に着いてからも15分ほどトイレに籠ってやっと出てきた。おそらく、外出できるようなメンタルではない。時間には余裕があるから歩いてテレビ局へ向かった。

「有村さん、見てください。見えてきましたよ、テレビ局」

わざとらしくテンションを高めて彼女に声をかけるが無視。……というか聞こえていないようだった。その目はどこか虚ろで、呼吸も浅い。怪我とちがってその傷が目に見えないし、体の病気とちがってレントゲンにも映らないけれど、明らかに彼女は傷だらけだ。ただ、これに賭けてここに来ているんだとわかった。

「一条さんですか、本日、お約束の三上です。今、最寄り駅に着きました」

複数の警備員に守られた正面玄関の前で、テレビ局の人に電話をすると、すぐにスーツ姿の人が出てくる。反町隆史ふうの男性だった。私たちに気がつくと、長い足で一歩、一歩、近づいてきて、

「有村さんと、三上さん？」

「はい」

「ご足労いただき、ありがとうございます。こちらへどうぞ」

「1GUEST」と書かれた入館証を手渡される。テレビ局の中はとてもひんやりとしていた。凍てついた感じだ。ツルリとした大理石の壁、見えない人影、どこまでも続く天井。エレベーターに乗り、その扉が開くと、ガラリと空気が変わる。段ボールが廊下の両端に積まれ、バラエティやドラマのポスター、「視聴率〇%達成」なんて紙がそこかしこに貼られていて、いか

にもテレビ局といった感じだった。芸能人がいるのだろうかと、思わずキョロリとしてしまうけれど、慌ただしく駆け回るテレビ局員さんの姿しかなかった。

「一条さん、お疲れ様です」

「お疲れ。あ、今から第三会議室使うから。カメラの田口さんと、音声の山本さんに取材の方がいらしたって伝えといて」

私たちは会議室に通されて、硬いソファに腰を落とす。目の前のテーブルには送った資料のほかに、見たことのある報道番組の名前と、「特集・ブラック企業の実態」と書かれた資料があり、息を呑んだ。私たち、これから本当に告発しようとしている。内部告発。自ら入社したくせに姑息なことをしている。被害者ぶっている。自業自得ではないか。少し怖気づいたけれど、でも腹は括らねばならない。

告発の最初のゴールは、メディアからお声がかかることだった。

しかし、それより先の明確なゴールがわからなかった。

もしも、江戸時代の仇討ならば、仇を殺せば終わるが、別に私たちは会社をつぶしたり、社長を殺したいわけではない。では、なんのためにここまでやっているのか……。それは、たぶん、現状を変えたいのだ。

女性であることを振りまいて契約を取る人、嫌われたり罵倒されたり、身を削りながらも働く人々が確かにいる、この仕事。今までは疑問に思っても声を上げる人がいなかった、声を上げるのさえも無駄だと諦めて働くか、辞めていく人ばかりだった。

泣き寝入りしたくない……。その言葉が頭に残っている。そう、私たちは壊されたままでいたくない。おそらく、この仕事をして心の均衡を壊した人はたくさんいる。同期にも何人かいる。そういう人たちは辞めて、もう会社との関係を断ち、働いていたという事実さえ地の底に埋めるだろう。私たちはちがう。

「有村さん」

横目で見る彼女は瞬き一つせず、少し震えている。その震える手をギュッと握る。私の手も震えている。

「がんばりましょう」

裁判を起こして負けた人はいると聞いたけれど、こうしてメディアに訴えるのは私たちが初めてかもしれない。私は、〝ファーストペンギン〟という言葉が好きだ。未開の海に一番初めに飛び込む勇敢なペンギンのことを指す。前例がないことをするのは怖い。目の前に広がる海にはサメがいるかもしれないし、とてつもなく冷たいかもしれない。ただ、自分が最初に飛び込めば、ほかのペンギンたちが知らない世界を拓くことができる。

法の下では勝てないかもしれない。けれど、民衆に訴えて今まで変わらなかったものを変えられるかもしれない。傷ついたまま終わりにしたくない。黒歴史として片づけたくない。

傷ついたのならば、せめて傷痕から何か新しいものが生まれてほしい。それは、できたら会社が変わることであってほしい。私はこんなことをしているけれど、会社が嫌いというわけではない。絶望はしたものの、まだ微かにかつて抱いた憧れは残っている。だからこそ、本当に憧れられる会社であってほしい。今も全国に自分を殺して働いている人がいる。心を蝕《むしば》まれている人がいるかもしれない。それを変えたい。保険の仕事を、誰も病まない、傷つかない、嫌われないものにしたい。そして、性別や性的指向のことで苦しむ人のいない職場になってほしい。

「改めまして、一条です。本日はよろしくお願いいたします」

名刺を渡し、簡単な挨拶をしてから一条さんは説明を始めた。

「我々は昨今問題になっているブラック企業について特集を企画し取材していて、今日はお二人にそのお話を伺えればと思います。カメラは入りますが、当然顔出しはせず、胸から下か後ろ姿を映します。普段身に着けているアクセサリーなど、特定されやすいものはお外しいただいたほうがいいですね。あと、ご希望があれば声を変えることも可能です。氏名は当然偽名です」

「わかりました」

「じゃあ、カメラを入れますね」

すぐにカメラマンと音声のスタッフさんが現れる。運び込まれる三脚に乗せられたカメラ、音声スタッフが、「失礼します」と、私たちのスーツの胸元に小さなマイクをつける。心臓が高なる、呼吸が荒くなる。

「カメラは気にせずに、リラックスしてお話しください。うまくしゃべろうとか、気負わなくて平気ですよ。うちの編集は優秀なので、いくらでもなんとかできますから」

とは言われたものの、カメラのレンズがこちらに向いているだけで喉が渇くし、声が上ずる。何気なく観ているテレビ番組に出ている芸能人は、皆よく平常心でいられるものだと感心する。私は毎秒、「わぁ、カメラがある」と身構えてしまって、言葉が出てこない。そんな私と対照的に有村さんは、

「私が生命保険会社で問題視するのは、まず雇用が正社員と言いつつ正社員ではないこと。これによって私たちは不当な扱いを受けても正社員ではないという理由で守られず……」

新人アナウンサー、いや、若手議員のようにスラスラと語る。私はとりあえずうなずき役に徹した。うなずくだけでは赤べこでもできるなと、「そうなんです」「私もこう思います」と相槌を打ってみた。

「確かに、この頂いた資料には正社員とあるけど、実情は外務嘱託……いわば個人事業主なんですね」

インタビュー中に驚いたのは、一条さんが保険会社についてとてもよく調べていることだった。テレビの人って忙しそうなイメージがあったのに、こんな手間をかけてくれるのかと感動すらした。強い味方だと頼もしかった。

私たちは、雇用形態だけでなく、当然のように繰り広げられるパワハラやセクハラ、女性一人で単身男性のお客様の家に行くリスクなど、とにかく語り尽くした。後半からは私もうなずいてばかりじゃいられないと、前のめりになって、つたないながらも言葉を発した。いつしかカメラのことは気にならなくなっていた。そうして取材は終わり

「追加で伺いたいことが出たらまたご連絡します。一応、放送日は来週の土曜日です」

出口まで送ってもらい、テレビ局をあとにした。

「手応えありましたね」

保険屋としてお客様の元を伺ったときにも、「この人は保険に入ってくれそう」という手応えを感じることはあったけれど、それとはまたちがった達成感に浸っていた。

「え、うん、あ、うん。そうだね」

先ほどの饒舌さが嘘のように、有村さんはうまくしゃべれなくなってしまった。片言のように言葉をポツポツと発し、そして、電池が切れたみたいに言葉すら発しなくなった。混み合っている帰りの電車に飛び乗り、椅子を一人分確保して座らせると、死んだように眠りについた。彼女の最寄り駅で揺り起こし、心配だから私も降りて改札まで付き添う。

「本当にありがとう」

魂が少し抜けたような、ボワボワして、柔らかな赤ちゃんのような笑みを私に向けた。

帰宅ラッシュの駅構内、私たちの間だけ、少し時間が止まった。

せわしなく帰路を急ぐ周りの人がスローモーションに見える。

「私一人だったら絶対にここまで戦えなかった。心折れてたよ。ありがとう。あの会社に入ったのはまちがいだけど、あなたに会えたのはよかった」

「い、いえ……そんな」

「本当にありがとう、杏ちゃん」

「え？　杏ちゃんって……」

「みかんちゃんはあの会社の中で呼んでいた呼び方でしょう。これからは変えようかなって。杏ちゃん。会社の先輩後輩でも、告発する同志でもなく、お友だちになろう」

「は、はい！　有村さん」

「こはる、でいいよ。じゃあ、またね。放送が終わったら、一緒に転職の会社説明会にも行こう」


ヒラヒラと手を振る有村……こはるさんは、顔に生気が戻っていた。放送が無事に終わったらどうしようと思った。3年は経っていないけれど辞めてもいいかもしれない。彼女と一緒ならば、転職活動も怖くないと気づいた。駅には、「既卒3年目までの転職説明会」というタイムリーなポスターが貼ってあった。私も彼女も既卒3年以内で、あてはまる。まずはこれに行こうかな。またハローワークにも行こう。今までは先のことを考えるのが怖かったけれど、今は考えても怖くない。こはるさんがいるからだ。

27

放送予定日まで落ち着かずに過ごした。顔は映らないが、会社の誰かに気がつかれるだろうか？　不安ではあるけれど、まぁ気づかれたら辞めてもいいんじゃないか。そうしたら転職するだけだものと、三年神話にしがみついていた私と同一人物だなんて思えないほど、吹っ切れていた。今までは会社を辞めることが怖かった。今は2年目で辞めた〝こはるさん〟という仲間がいるから、辞めるという決断にも躊躇《ためら》わない。

「あと1時間ですね、緊張します」

私は自宅でテレビをつけ、こはるさんに電話をしながら、放送を待った。

「杏ちゃんが緊張したって仕方ないよ。もうインタビューはとってるんだから」

「でも、やっぱり緊張しますよ」

「じゃあ緊張ほぐすのにおしゃべりでもしよう。ねぇ、杏ちゃんはもし就活生に戻れるとしたらどんな会社に就職したい？」

「ええ、そうですねぇ……ほかに内定が取れていたのは配送業や販売でしたけど……」

「そうじゃなくて、どーんな会社にでも入れる力が自分にあるなら」

「うーん」

もう保険会社で働くことに染まりすぎていて想像がつかなかった。あえていうなら、「QK

J」のようなカフェ？　いや、それは就職じゃなく起業か？　なんとも夢見がちだ。けれど、別にいいのだ、夢なんて見たほうがいい。

「私はね、アパレルだなぁ」

「おしゃれですもんね」

「ありがとっ。あ、ねぇ、今度、杏ちゃんの洋服もコーディネートさせてよ」

「えぇ？　私はいいですよ」

私はファッションというものに興味がない。というか、女だからといってファッションや化粧を強いられるのが解せない。女性だから着飾っていなくてはいけない、という風潮は支持できない。男性で化粧したい人がいればすればいいし、その反対に女性でも化粧をしたくない人がいてもいいと思っている。ハピネス生命ではそれが通用しなくて内定者としてオフィスに行ったころ、「もっと化粧はこうしたほうがいい」「女性らしくしなさい」と椅子に座らされ、ビューラーで睫毛を挟まれ、アイシャドウを塗りたくられた。

女性が眼鏡をかけていると冷たい印象だなんて、わけのわからないことを言われ、無理してコンタクトレンズの着用を強いられている同期もいた。太っているとだらしなく見えるから、契約を取るためにも痩せろと言われている先輩もいた。とにかく、昭和製造の「女」という型にはめたがっていた。スッピンだって、眼鏡だって、太っていたっていいはずなのに。

「会社の人たちは契約取るために、もっと明るい色をとか短い丈をって言ってたから口にしなかったけど、ずっと思ってたの。もっとかわいい服も似合うって。契約のためとかじゃないよ、本当に似合うと思うから言ってるの」

「じゃあ、今度お願いします」

今までの私ならば善意であったとしても、自分を他人から塗り替えられるのが嫌だから、その誘いに首を縦になんて振るはずがなかった。けれど、こはるさんに言われるとなぜかうれしくなって、うなずいていた。

「やった。約束ね」

「はい、約束です」

「お化粧は苦手なんだよね？　じゃあ洋服だけ私に選ばせてね」

そんな話をしていると時間はあっという間に過ぎていて、放送が始まった。

冒頭で近年問題になっている長時間労働・過労死・自殺についてナレーションが入り、「実際に働いている方々にインタビューをしてきました」とアナウンサーが語り、ＶＴＲへと切り替わる。

先日、足を運んだあの会議室が映し出される。だが、そこにいるのは私たちではなかった。新卒会社員の山田さん〈仮名〉が、涙ながらに社内でのパワハラを語る。あぁ、何人かに取材したって言ってたなぁ、次だろうか。次は3年目の会社員の佐藤さん〈仮名〉が上司のセクハラを語る。次かなぁと思ったが、

「このように、多くの会社員が苦しめられています」

と、勝手に締めくくられてしまう。いや、締めないでよ、ちょっと待ってよ。

「どうして……」

こはるさんの返事はない。

「ちょっと私、一条さんに確認してみる」

いったん通話を切り、名刺の番号にかける。何かの手ちがい？　それともこれから流れるのか？　と思ったけれど、番組はどんどん進んでいき、保険会社の二人の告発が入る余地なんてない。

「はい、一条です」

「もしもし……私、三上です。保険会社の……先日インタビューを受けた……」

「あぁ、三上さん。先日はどうもご足労いただきまして、ありがとうございました」

その声は変な言い方だけれど、インタビューが放送されなかったことに対して、申し訳なさそうではないので、私に期待を残す。もしかしたら、これから流れるんじゃないか、尺が足りなくて来週放送されるんじゃないかと……。けれど、

「今、番組観てらっしゃいますか？　申し訳ないんですけど、お二人のインタビュー、僕としてはすごく使いたかったんですけど、上からNGが出ちゃいまして」

「NG……？　どうしてですか」

「うちが放送している一部の番組、スポンサーに保険会社があるんですよ。だから、上的にダメってことになりまして。せっかく来ていただいたのに、本当に申し訳ないんですけど」

頭が真っ白……いいや、真っ黒になった。唯一の頼みの綱、首の皮一枚つながっていた命がちぎれてしまったみたいだ。「連絡遅れて本当にすみません」と言う一条さんに対して、なんと言って電話を切ったか覚えていない。ただ気がつくと、こはるさんの叫び声が私を満たしていて、あぁ、さっき言われたことをこはるさんに私は伝えたのだと、我に返った。

「結局、結局、泣き寝入りするしかないいんだ！　なにも変わらないいんだ。悔しい、悔しい、悔しい」

回らぬ舌で喚《わめ》き散らした声が鼓膜を揺らす。私は何も反応することができず、プツリと電話

は切れた。かけ直しても、もう、彼女が電話に出ることはなかった。告発失敗と共に、私たちの友情はあっけなく終わってしまった。洋服を見に行くという約束は果たせぬまま……。

第5章

解約

28

私はこれからどうしたらいいんだろう？

こはるさんがいれば辞めるのだって怖くはなかった。転職活動に身を投じるのも、彼女とならば思い切れた。だが、現状、彼女はもう私の隣にはいない。二度ともう会うこともないような気がした。辞める勇気も反骨心も正義感も塵のように消えた。私に残るのは、三年神話だけ。死にたい気持ちを飼いならしながら出社して、内部告発に動いていたなんて知る由もない上司や同僚と顔を合わせる。これがきっとこのまま続いていく。もういっそのこと内部告発のことがバレてクビにしてくれたらいいのにと思うけれど、私たちの内部告発は放送すらされなかったのだから、バレることなどない。

【月末になりました。パスワードの変更をしましょう】

出社して自分の机でハピノートを立ち上げると、そんなフレーズが浮かぶ。

お客様の個人情報が詰まったハピノートは、セキュリティのために月に一度、ログインパスワードを変更しなくてはならない。月末になるとパスワードの変更が促される。それを見るたびに、あと何回覚えやすい数字の羅列を考えては入力するのだろうと思う。

惰性で夏を過ごし、秋を迎えようとしている。

1か月に1件や2件、ときにはゼロという超低空飛行のアップダウンを繰り返す、お粗末な営業成績を積み重ね続けた。そして、気がつくと半年に一度の査定である「職選」が来月に控えていた。

私がシルバーランクに上がるには契約が3件も足りない。3件を超えたことなんて、あの7月戦でのビギナーズラックだけだ。とてもじゃないが、できそうになかった。ブロンズの現状維持のまま、もう半年も辞めることもできぬまま、ただ流されるがままに行くのだろう。そうしている間に3年目になってしまう。3年目として12か月耐え抜けば三年神話とオサラバできるが、そもそも耐えられるのか……? それはメンタル的にも給与的にも……。

今もただでさえ給料が少ないのに、3年目を超えたら完全出来高制……。私も月給9000円に近い将来なるだろう。家賃すら払えない、強制退去させられてしまう。キャバクラみたいな華やかな夜職はできる気がしないけれど、夜のコンビニくらいならできるかもしれない。皆

のように、そろそろ副業に手を出そうかと思った矢先、

「午後時間ある？　ちょっとお話ししない？」

オフィス長に呼ばれて1対1、応接室に呼ばれた。いったいなんだろう。内部告発しようとしたことがバレたのだろうか。不安で心臓がうるさいほど鳴っている。

「休職して半年くらいもう経つけれど、大丈夫そう？」

「は、はい」

「よかったわぁ、このお仕事は体が資本だから。私は最近健康のためにお酢を飲み始めたわよ。これがまた美味しくはないんだけど」

急に世間話が始まって拍子抜けする。世間話のため時間を作ってくれたのだろうか？　支社での会議や、お得意先とのゴルフや飲み会、お子さんの世話と忙しい人が？　それだけのために？

「この仕事は楽しい？」

「ええっと……」

「楽しくはないか！」

「契約を取るのは正直大変です……。でもやりがいは感じてます」

「だよねぇ。契約取るのは大変だよねぇ。復帰してからの半年の三上さんの成績はさ、ゼロ、2件、ゼロ。1件、ゼロ、2件って感じでゼロの月もあるもんね」

「すみません」

「いいの、いいの。怒りたくて呼んだんじゃないから。でもね、ちょっと聞いてほしいことがあるんだ」

「はい」

「あのね、来月は職選の月でしょう。シルバーに上がるにはあと3件の契約が必要なのは知ってるよね？」

「はい。支社から連絡が来て。マスターからも」

「3件契約取れそう？」

「いえ……。でも最後までがんばって……最悪ブロンズのままもう半年がんばって次の職選で……」

「それがね、できないのよ」

「え？」

「マスターからなんにも聞いてない？　職選でシルバーに上がれなかったときのこと」

「ブロンズの下はない……ですよね……ど、どうなるんですか……」

「そう。ほかのランクと違って、ブロンズはその下がないでしょう？　だから寿命は半年」

オフィスのほとんどの人がシルバーだった。シルバーの人がブロンズになることは「ブロ落ち」と言い、由々しき事態として慌てて、這い上がろうと、なりふり構わず契約をかき集める。新卒、中途採用、職選のタイミングは各々ちがえど、定期的にオフィスのどこかで「ヤバ！　ブロ落ちしちゃった！　なんとかして次の職選で上がらなきゃ」という言葉が響く。ただ、ブロ落ちからさらに下に落ちる人を見たことがなかった。だからてっきりシルバーに上がれなかったら、もうブロンズのままかと思っていた。

オフィス長は静かに首を横に振った。

「半年でシルバーに上がれなかったブロンズは、非正規雇用になるわね」

非正規？　そもそもが正社員じゃないのでは……？　という疑問は横に置き、聞き返した。

「まず、保険証といったすべての福利厚生が失効します。交通費も出ない。それから朝礼には出なくていい。でもハピネス生命の名は名乗って保険の契約は取っていい。そして、その取った分だけのお給料が支払われる、それが非正規職員」

「取った分だけのお給料ってことは……もし取れなかったら……」

「ゼロ円ね」

なんと、9000円よりも酷い。

「非正規になっても、半年契約を取りまくればブロンズには戻れるけれど、私の知る限りそんな前例はないわ……三上さんはどうしたい？」

どうしたい？　って……。

「ひ、非正規雇用の半年間にどれくらい契約を上げられれば、正規雇用に戻れるんですか」

思わず聞いてしまう。オフィス長が答えた契約数は、私がこの1年で取った契約よりもずっと多く、無謀の一言に尽きる。普通ならもうここで「やめる」と決断できるだろう。非正規落ちなんて遠まわしのクビ勧告だ。もし、非正規職員として半年残ることを選んだとしても、半年後にはきっと正式にクビになるんだと思う。

だからつまり、遅いか早いかの話だ。

今、「辞める」というのが賢明に思えた。けれど、私はその三文字が言えない。たとえ地獄であろうとも、3年以内に仕事を失うのが怖かったからだ。辞めたいけれど、辞めても次の仕事が見つからないんじゃないか。波乱の就活がフラッシュバックする。ここ以外に自分を採用してくれる会社なんかないんじゃないか……本気でそんな気持ちでいた。

「なるべくここでがんばりたいです」

「そう。一応ね、来月の職選で3件契約を上げられたらシルバーに上がれるから。来月、もう今月末からね、死に物狂いでやってみようか」

だが、契約のあてなんかない。どうしたらいいのだろう。がむしゃらにお客様の元を夜訪に歩き回るものの、一向に契約の見込みと思える人はいない。

「あれ、みかん」

フラフラと夜の住宅街、ヒールに足を奪われながら歩いていると、前から聞き覚えのある声がして顔を上げた。

「マサ」

彼はもう夏も終わり、初秋だというのにうさんくさいアロハシャツをまとい、呑気にヒラヒラ手を振っている。

「今日、QKJは?」

「ん? 休み。今、〝おっパブ〟行ってきたとこ。それにしても、おまえ、死にそうな顔。今月ノルマできてないだろう」

「うっさいな、あんたに関係ないでしょう」

「いや、だって、ボンキュッボンのお姉ちゃんでウハウハ気分だったのに、死にそうな顔したおまえが歩いてくるからさぁ。マジ、ビビッたわ。幽霊出たかと思ったわ」

「あんたとバカ話している時間ないから」

今は1分1秒でも時間が惜しい。バカ話している時間があったら、どこかにテレアポをしなくてはいけない。こんなことに時間を無駄にしている場合じゃない。あと3件、あと3件取れないと……非正規雇用になる、給料はゼロかも。そして、最終的にはクビになってしまうかもしれない。私は保険の仕事が好きかどうか、続けたいかどうかわからない。ただ、クビにはなりたくなかった。

「バカ話とは失礼な奴め。せいぜい色仕掛けがんばれよ」

「はあ？　そんなわけ……」

そんなわけない。そんなことできない。しようと思ったことすらない。けれど、この仕事をしていると必ず耳に入る単語、それが「枕営業」。

休職中ネットカフェのパソコンでは、アダルトビデオが無料で観られた。ボーッとしていると気が滅入るから、いっそのこと淫猥なものでも観るかとそのコンテンツを何気なくクリックする。タイミングよく保険屋を題材にしたＡＶが流れていた。

ムッチリとした肉づきの良い熟女が、「契約するからオッパイ見せろや」と言われ、言われるがままにスーツを脱ぎ、要求がエスカレートして犯されるという内容だった。低めの喘ぎ声を耳にしつつ、イラついた。

「こんなことで契約取れるかバカ」

そんな独り言が口をついていた。保険契約は、契約したらそれで「はい終わり」ではない。契約継続率というのがあって、ノルマや営業成績だけではなく、どれだけ契約を続けてくれるかも重視されている。14か月以内に自分が担当した契約が解約になったら、「引き戻し」として給与からその契約分の額が減給される。だからこんなアダルトビデオのように、1回〝致した〟だけでは終わるものか、こんなふうに契約を取ったらそれ以降、継続率のために14か月間ずっと「解約するぞ」と脅されて体を求められてしまう。

かわいそうに……。よだれ滴《したた》らせる熟女は本当の保険屋ではなく、俳優さんだとは当然わかっていながらも、哀れみの視線を送った。

実際に、「枕営業」はジョークとしてオフィスで笑いを取ったりしているし、実力のない新人が契約を上げまくり、大会で表彰されたりなんてすると、「枕じゃないか」と噂されたりもする。その真偽は誰もわからないが、女性であることを餌にする瞬間があるのは確かだった。

バレンタイン間際、契約になりそうな単身独身男性の元に行く際には、自腹のチョコレートを渡すのを促された。あのときの、「女の子からチョコもらえるなんてなぁ」と言われつつ、じっとりと向けられたまなざし、穴が開くほど見られた胸元、ゾッとした。いくらノルマに苦しんでいても、枕営業なんてとてもできない。でも……でも……それは知らないおじさんを相手に想像しているからじゃない？　それが……もし、幼馴染みの彼ならば……？　そんな考えが突発的に浮かぶ。何考えているんだと理性が叫んだけれど、無視をした。

「マサ」

「ん？」

「少しお茶でもしようよ」

じっとりと悪意めいた下心が私の中で滲むのがわかった。まるで汗のように。お茶といってもスタバやドトールでこんな話はできない。カラオケに入ることにした。その移動中、そっとブラウスのボタンを2つ開けた。巨乳とは呼べない私の胸では、セクシーな谷間を見せることはできないけれど……。

「カラオケとか久々！　なに歌おうかなぁ」

彼は、私が一世一代、腹を括ったなどとは露知らず、ケラケラと笑い、呑気にテレビ画面に映し出される新曲紹介の映像のアイドルがミニスカートでターンするのに目を奪われている。マサってこういう奴。彼をみやびちゃんと呼んでいるころから変わっていない。「教育実習生、巨乳だよなぁ」と男子とはしゃいで、兄貴の部屋からパクってきたというエロ本を自慢げに赤いランドセルから出し、男子から「でかした」と称賛され、女子から「ちょっと、あんた女子なのに」と批判されていたあのころから。

きっと誘ってみれば、女好きな彼はすんなりと飛びついてくるにちがいない。けれど、私、大丈夫だろうか。自分をそんなに安売りしてもいいのだろうか?

いや、悩んでいる場合ではない。1か月は案外早い。私には3件の契約が必要だ。そのためには自分くらい特売りだ、持ってけ泥棒! 啖呵《たんか》を切って不安を掻《か》き消す。

「なぁ、みかん、1曲目入れてくれよ。俺、もう少し悩むから。いやーなんかさ、男性ホルモン打ち出してから声が低くなって、自分のキーがわかんねぇんだ」

選曲の相談をしてくる間抜け面を吹っ飛ばす勢いで私は、

「マサ！」

マイクなしとは思えない声量で目の前にいる彼を呼ぶ。

マサは鳩が豆鉄砲を食ったような顔で、「なんだよう」と首を傾けた。あぁ、どうしよう、なんで私こんなこと。でも……こうでもしないと私、会社にいられない！　彼のアロハシャツの裾を勢いよく掴んだ。プリントされたハイビスカスが皺になる。そんなこと構っていられるか。こちとら身を捧げるのだ。

「私が……ま……」

「ま？　なに？　聞こえねぇよ」

「ま……」

「なんか入れてほしい曲があるのか？　ま……マキシマム　ザ　ホルモンか？」

「枕営業！　私がするって言ったら！　マサは保険に入ってくれますか！」

「……へ？」

一瞬の沈黙。

奴のことだからきっとルパン三世のごとく、ウッヒョーと飛び込んでくるだろうと身構える。

目をギュッと閉じながら。

「え？　やだ」

彼は、私の一生分の勇気をあっさりと一蹴した。え？　やだって言った？

「なななんでだー」

天を仰いで叫んだ。別にそういうことがしたかったわけではない、でも、これだけ勇気を掻き集めたのに、あっさりと断られるのは解せない。

「保険ってそんなに嫌？　それとも、私が巨乳じゃないから？　ねぇマサ」

そういえば私、峰不二子じゃねぇんだわ。不二子ちゃんのナイスバディをちらつかせりゃ、そりゃルパンは命からがら宝石を奪いに行ったりなんでもしてくれる。でも、私は不二子ちゃんじゃない。私の2つの乳房を足しても、不二子ちゃんの乳房1つ分にしかならない。

「確かにな。まだ俺がみやびちゃんだったときのほうがいい乳してたな」

「な、なにおう」

「でも断ったのは、おまえが貧乳だからじゃないぞ」

「……じゃあなに……？」

「はぁ。まさか枕営業したら保険に入るって冗談、本気にするなんて……。おまえも相当バカだな」

「冗談だったの？」

「当たり前じゃん。俺は純情ボーイだから、好きな奴としかそういうことはしねぇの」

「おっパブには行くくせに……」

「それとこれとは別。で、断ったのはおまえが大事な友だちだからだよ。困ってんなら、そんなことしなくても保険の1つや2つ入ってやる。改名も戸籍変更もまだだから、小泉みやびのまんまだけど、おまえにはそれも知られているわけだし。俺も入りたいと思っていたし」

「え、待って、もう1回言って」

「俺も入りたいって……」

「その前」

「保険の1つや2つ入ってやる」

「本当に？」

「男に二言はねぇ」

「1つや2つ……じゃあ、3つは？」

「いいけど？　俺、QKJのほかにも、おなべバーで働いていたり金はあるし」

パアッと目の前が明るく開けた気がした。安心感で体のすべての力が抜けて、ヘニャヘニャの軟体動物にでもなってしまいそう。だが、すぐにピシャリと水をかけられたみたいに冷静になる。

「でもそれって……マサが本来の体にする手術のために貯めているお金……だよね」

乳房や子宮を摘出する性別適合手術は保険適用ではない。かなりの費用がかかるはずだ。彼がたくさんのバイトを掛け持ちしているのは、その費用のためだ。

「金を貯めている理由は、そりゃ、垂れ下がってる邪魔な乳と腹の中の子宮をどうにかするためだよ。でも、もしかしたら、その前に怪我をするかもしれないじゃん。明日事故にあうかもしれない。病気にだってなるかもしれない。どうなるかわかんねえけど、もしそうなったときのために保険入っておきたいんだよ。まぁ改名してからとは思っていたけど、改名したところで性別欄は女のままだから普通の保険屋には頼みづらい……みかんに頼むのならちょうどいい」

「マサ……」

「だからこれはおまえのためじゃなくて俺のためってこと。どう？　納得した？　あ、言っとくけど惚れるなよ」

思わず彼に飛びついていた。なぜ飛びついたのかはわからない。ただ、このまま唇を重ねたいだとか、深く触れ合いたいなというのではなく、この瞬間に胸の中にある感情を言語化できず、心より体のほうが速く動いたというのがしっくりくる。

身長は私のほうが大きいので、マサをギュッと包み込めてしまう。彼は、「うわ、うわ、なにすんだー」とわかりやすく慌てながら身をよじるものの、私の腕力からは逃れられず、やがてゆっくりと私の頭を撫でた。小さな、けれど、厚い手であった。

「悪かったな」

「なにが？」

「冗談でも枕営業とか言ってさ。いくら……こんな中途半端な男の俺とはいえ、怖かっただろ？」

「ちょっと……ね。でもマサは中途半端な男じゃないよ」

「おう、当然」

「でも私、誰にでもこんなこと言ってるわけじゃないからね、これだけは言っておくね。枕営業なんてしたこと今までないから……ただ、契約に追い詰められていて……マサなら食いついてくれるかな？　マサなら大丈夫かなって思ったけど……」

「けど？」

「やっぱりダメだな。中途半端な男……って思ってるからじゃないよ。子どものころから知ってるマサにこんな私を見られるのが嫌」

「俺もだ。おまえとはこれからも腐れ縁の悪友でいてもらわなくちゃ。……それにしても安心した」

「ん？ なにが？」

「俺の冗談を真に受けてほかの奴にもそんなこと言ってたらどうしようと思った」

「そんなふうに見える？」

「いや、見えないけどさ、追い詰められたら人間なにするかわかんねぇし。もし、そういうことしてたならぶっ殺してたかもしんないな」

「殺さないでよ」

「ちげぇよ。おまえんとこの社長や上司や、おまえにそういうことした客をだよ」

久しぶりに誰かに大事にされているという感覚に、クラリと甘い眩暈がした。出社するくらいならば死にたいとホームに立った、契約のためならばと身を捧げようとすら思った。けれどそんなことをしたら。社長らを殺すとまで言ってくれる友だちがいる。心に、悪友の一言一言が染みていく。

「ありがとう、マサ。ラブじゃないけど、大好き」

「あぁ、俺もラブじゃないけど、おまえが好きだぞ」

ＬＧＢＴＱ＋フレンドリーだからとあの会社に入社したけれど、現実、私はなんにもできていない。ただ、こうして性別や名前のことで保険の加入を躊躇っていた彼の役に立てるということがうれしかった。

明後日また会うことを約束してその日は別れ、翌日、私はなるべく、安いけれどもいい内容の生命保険、医療保険、年金保険を作り、オフィス長とマスターに見込みができたという旨を伝えた。

29

「小泉……みやび、っと」

駅前のカフェで、マサが契約完了の署名を記入する。保険の契約書類はすべて「小泉みやび」名義で、性別欄は「女性」で、なんとなく申し訳ない気持ちだけれど、当人は、「ま、これを含めて俺だから」と手続きを進めてくれる。画面上には、「本社に契約内容を送信しました」の文字が出る。契約完了。なんの告知もないから契約は滞りなく成立するだろう。そして、私の寿命も半年は伸びる。安堵で思わず肩の力が抜ける。

「おいおい、大丈夫か」

「うん。これでこのあと1、2週間以内には保険証券が届くから、それの到着確認に伺うね。それでとりあえず契約に関しては完了だから」

事務的な言葉を口にすると、彼は「ん」と少し不機嫌そうな態度をとるので、「無理矢理入らせて……ごめん」と、机にヘッドバットしそうな勢いで頭を下げる。少し額を打ちつけた。その風圧で机の上のストローが入っていた紙くずがフワッと舞い上がり床に落ちる。

「ちげーよ。怒ってんじゃねぇよ。そんで何回も言わすな、保険には入りたかったんだよ。感謝してる」

「じゃあなに？　今、イラついてるでしょ」

「よくわかるな、さすが幼馴染、よっ、腐れ縁」

「みやびは顔に出やすいもん」

「あ、みやびって呼んだ」

「あ、ごめん」

保険の契約書類がすべてみやび名義なので、つい口をついてしまう。子どものころに何度も呼んだ名前。

「本当はマサ名義で加入できたらよかったんだけどね」

ヘルプデスクという本社直通の業務の中で、不明点を聞く社員専用ダイヤルに、彼のことは一切明かさず「戸籍以外の名前で加入できるか?」とダメ元で聞いてみた。結果は当然ダメだった。性別欄に関しては言うまでもない。

保険料というのは年齢や性別で算出されるため、彼の心が男性であろうとも、身体にまだ乳房や子宮があるのならば、乳がんや子宮頸がんになるリスクがあるから男性としての保険料は適用されない。けれどももし、乳房や子宮を摘出して、戸籍を変えたような人が保険に入りたい場合はどうなのだろう? と思うものの、正直そこまでは聞けない。

「ま、いいけど。みやびとして接してきた時間のほうが長いわけだし。それより、みかんはこれからどうするの?」

「これから? いったん会社に戻って契約の書類を内勤さんに出して、オフィス長とマスターに帰社報告して。あ、マスターっていうのはポケモンマスターとかじゃなくて、会社の新人育成担当のことで」

「いや、そうじゃなくて。これからっていうのは、半年後のことだよ」

これでシルバーランクに上がって半年は「保険屋・三上杏」が延命されたものの、もし、半年後にブロンズに落ちて、契約を取り続けなければ、半年後には非正規雇用になるかもしれない……と、マサに伝えてあった。

「これで半年延命されただけなんだろ。そのあとはどうすんの」

「それは……」

「そしたら、聞き方変えるけど、そこで生き残れそうなわけ」

「がんばる……」

「早く、辞めろって」

「マサが契約してくれたのに辞められないよ。もし、保険金の請求とかが必要になったときに私がいないと……」

「そんときはそんときでなんとかするから、早く辞めて次考えたほうがいいって」

保険の仕事は自転車操業だ。

一か月でリセットされる契約を積み重ね、積み重ね。それに終わりはない。人よりも多く積み重ねてマスターやオフィス長になれば個人で積み重ねるというターンは終わるけれど、今度はオフィス全体の数字を積み上げさせる役目に回らなくてはならない。優秀なマスターやオフィス長になればその先に支社勤務もあるけれど、本社入社の男性とちがって狭き門である。私には到底無理なこと。この自転車操業のループから抜け出すには辞めるしかない。辞めることすらできない私は、このループの中でただただ洗濯物みたいに回る。友人を何人も失って、メンタルクリニックに通いながら……。

「辞めるのが怖いんだよ」

「なんだそりゃ」

「三年神話って知ってる?」

「なにそれ、深夜アニメかなんかか?」

「ちがうよ。世間的には、3年は同じ会社にいなくちゃいけないって言われてるの」

「そんなの聞いたことない。つーかそれって、まるでブラックでも辞めさせないための洗脳じゃん」

「洗脳かぁ。そうかもしれない」

「仕事なんていくらでもあるぞ」

「わかってはいるけど」

彼はリュックサックから1枚の紙を出してきた。A4用紙にプリントされた文字は、「退職届」とあり、あとは日付けと私の名前を書くだけになっている。思わず二度見する。

「これ、なに?」

「見りゃわかるだろ、退職届。作ってきた」

「作ってきたって」

「今出せっていうんじゃない。お守りに持っておけよ。俺はお前に死んでほしくない」

「……別に死なないよ」

「とにかく持っとけ」

すべての言動がコメディタッチの彼なのに、珍しく本気の声色だった。その声は深海のように低く、赤いランドセルを背負って「みかん!」と私を駄菓子屋へと誘うボーイッシュな女の子のものではなかった。

「うん。ありがとう」

休職前に書いた遺書が入っているのと同じクリアファイルにそれを入れた。それに満足したように彼はいつもの調子に戻ってジョークを飛ばす。

「保険屋・三上杏」を半年延命させたのはまぎれもなくマサだけれど、「保険屋・三上杏」に生じる亀裂が彼から始まることを、このときの私は知る由もなかった。

30

「三上さ、急に3件とかおかしくない？」

「職選だからとはいえ、いつも1件かゼロみたいな子なのにね」

「枕じゃないかって噂になってるよ」

「枕？　あんな地味な子が？」

「物好きもいるじゃん。変態ジジイとか」

「あ、もしかしたら相手は女かもよ？　あの子なんかレズっぽくない？」

マサの契約で命をつなぎ、ブロンズの三上から、シルバーの三上になった延命1か月目。

朝礼前にトイレの個室に入っていると、洗面台の前からそんな談話が聞こえてくる。すぐに、中堅社員の数名の声だと笑い方でわかった。私の契約を不信がるのを皮切りに、あの子はレズっぽいという話題になり、最終的に、「レズってどうやってセックスするんだろ」という猥談で朝っぱらから盛り上がっているので、個室から出るに出られなくなる。

仕方がないので下着をつけたまま便座に腰を下ろして尻を温め、ボーッと床を見る。黒く、細く、短い、曲線がまばらに散っていた。なんだこれ？　よく見ると、それは陰毛だった。便器の左右を見てみると、まんべんなく陰毛が落ちている、それも自然に抜け落ちたという量ではなく、故意に……たとえるのならば、ストレスで羽根を引きちぎる鳥がいると聞くけれど、そんな感じ。誰かがここで自身の陰毛を思い切り引きちぎって落としたような量だった。

「今週の花一輪活動のお花買ってきたわよ。バケツに入れておくから、持っていく際にはここに名前とどこの会社に持っていくか書いておいて頂戴。花一輪活動から契約上がったら私がいいランチに連れていきますから。みんながんばるのよ」

ようやくトイレから戻り、温まったホカホカの尻で腰掛ける。オフィス長が花屋のようにバケツに入った花を片手に小柄な体で駆け回り、甲高い声で呼びかけている。職域に週に一度花を届ける「花一輪活動」というのを、職域で契約を取るために促されているが、私の職域では花を生けたところで見向きもされず、枯れていっている。わらしべ長者のように一輪の花では大口契約は取れそうにない。

「オフィス長もよくやるねぇ」

「すぐ物で釣るよねぇ。たいして給与もらってないのに」

そんな陰口がどこからか聞こえてくる。最近、オフィスの空気はいいとは言えない。

一部の社員たちは、中学生みたいに陰湿にあからさまな態度でオフィス長を嫌っているからだ。

理由はただ単純に、「馬が合わない」という人もいれば、「ああやってがんばれがんばれって物で釣られるのが嫌だ」という人もいる。それぞれ理由はちがえど、「嫌い」という根本は同じだ。

いくらみんなを奮い立たせるためにあれこれ策を講じても、オフィス内には、「私、わざと契約取らないから。そうすりゃアイツが怒られるよね?」なんて平然と言う人もいる。実際、昨年比よりもオフィスの成績はわざとかどうかわからないけれど、落ちているらしい。毎月配られるA3サイズの「全国ワースト営業成績ランキング」というおぞましい順位と文字の羅列に、うちのオフィスは常連だ。

今日もオフィス長は、「お菓子買ってきたから、これ食べて契約取りまくるわよ」と、自腹で購入したクッキーを取り出しながら笑って見せていた。

「はー、よくやるわぁ、オフィス長も」

「ルミさんも嫌い……なんですか」

「嫌いっていうか……一部の人みたいに陰険なことをするほど嫌いではないけど苦手かなぁ。空気読めないいで空回ってんだもん。みかんちゃんは？」

「私は……」

嫌いではなく、むしろちょっと同情している。オフィス長だって、家に帰れば「奥さん」だし、「お母さん」だし、大前提として「人間」なのだから……傷ついているはずなのに、こんなに理不尽に嫌われているなんて。まぁ、だからといって私がどうこうできるわけではないけれど。

「おはようございます。本日の朝礼を始めます」

マスターがそう呼びかけ、私たちは立ち上がり一礼する。

「明日は大事な初振《しょふり》（保険契約の最初の銀行引き落としのこと。なんの略かはわからずに「初振、初振」と言っていた）の日ね。先月ご契約もらったお客様に連絡をキチッとお願いね」

「初振」とは、初回振り込みの略称である。保険料は契約時に一か月分を、その場もしくは払い込み用紙で払ってもらい、翌月からは銀行引き落としというのがオーソドックスだ。初振は銀行引き落としの初回のことを指している。もし、正常に引き落とされないと……大変だ。初振の前日には、「〇〇銀行からいくら、明日引き落とされるから残高しっかり確認してね」と念押しの電話が義務づけられている。

「三上さん、特にお客さんにしっかり確認してね。職選月の初振が落ちたら大問題よ。3件とも同じ人だったわよ。確認よろしくね」

特に職選の月に取った契約だからと念押しされた。なぜかというと、「それは正しい営業で取れた契約なのか？」「職選のために頼んだのではないか？」と疑われ、下手したら支社の偉い面々や、本社の監査にもオフィスが目をつけられてしまう。まぁ、あながち間違ってはない。

「明日、保険料引き落としになるから口座しっかり確認しておいてね」

「わかってるって。口座にはちゃんとたんまり諭吉がいるからよ」

電話で確認済みなので安心していた。だが、初振日の翌朝、オフィスの扉を開けると、

「三上、初振が落ちてない」

血相変えたオフィス長が駆け寄ってきた。

「確認したって言ってたよね？　どうなってるの」

そうマスターも詰め寄ってくる。

え？　そんなはずはない。確認の電話をしたし、心配なのでメールもしておいた。サーッと

血の気が引く。もしかしたら、私を辞めさせるためにわざと口座の中を空っぽにしたとか？　いや、でも彼は保険に入りたいって言ってくれていた。そんな自分にも不利になることとするだろうか。何かの手ちがい？　銀行のトラブルであってほしいと思ったものの、マサの契約以外はすべてスムーズに引き落としが完了していた。

「今日中ならギリ間に合うからお客さんに速攻連絡して。初振が落ちないってことは、支社にもオフィスにも迷惑かかるんだからね。それに職選での契約でしょ？　もし初振引き落とされないと、三上のシルバーランクも怪しくなるよ。そしたら非正規落ちになるよ」

身体が震えていてうまく通話ボタンを押せないが、なんとか彼に電話をかける。もしかしたら出ないいんじゃないかと思ったけれど、奴は2コールで「おう」と応じた。その呑気さに少しイラつきながら、回らぬ舌で拙く説明すると、

「あれぇ、金は入ってるはずだろ」

と言う。金が入っていないから電話をかけているというのに。保険に入ってくれると言ったとき、もう小泉マサという人に一生足を向けて寝られないと思ったけれど、今では話は別だ。足を向けて、そのままキックをお見舞いしてやりたい気分だった。なんて私は自己中心的なのだろう。

「あ、もしかして俺、M銀行の口座登録した？」

手元にある引き落としができなかったことを示す資料には、確かにM銀行とあるし、記憶の中でも彼が財布から出したのはM銀行のカードだったはずだ。

「あ、悪い。ミスった。俺、M銀行はサブ口座でさ、ほとんど金入れてねえんだよ」

「は？」

「メインはY銀行なんだよ」

「そ、そんなのその場で言ってよ」

「いや、悪い悪い。あの日、財布変えたばっかで、Y銀行のカード持ってなくってさぁ」

理由はわかったものの、事態は解決していない。ダメダメだけれど、ドラえもんがついていない私は、タイムマシンで契約時に戻ることはできない。それよりも問題は今だ。

「今日会える？　払い込み用紙渡すから、今日中に払えば……」

「ああ、重ねて悪いけど、今日は無理だ」

「何時でもいいよ。どこへでも行くから。今どこにいるの？　家？」

「俺、今じいちゃんの三回忌で明後日まで北海道にいるんだよ」

「北海道⁉」

かつてオフィスのベテランが、沖縄に転勤した自分のお客さんから「見直しをしたいからこっちのハピネス生命を紹介してほしい」と電話が入ったものの、「私のお客をほかの保険屋に触らせたくない」と自腹で飛行機に乗って契約をもらってきたという人がいた。これは、契約成立で給与に反映される募集手当よりも、渡航費のほうが高くつく。私にはそんな旅費はないし、そもそも、今からチケットが取れるかどうかもわからない。どうしよう……初振が落ちると、契約が存続できるかわからない、私も非正規落ち……。

どうしたらいいんだろう……。この払い込み用紙でマサ本人に払ってもらわないといけない。払い込み用紙は都内、私の手の中にあってマサは北海道にいる。郵送しても届かないし、マサは明後日までこっちには帰ってこない。払い込み用紙をファックス……でも複製禁止かな……どうしたら……どうしたら……。小さな脳みそをフル回転させるものの、解決策が見つからない。

「悪いけど、必ず返すから立て替えておいてくれるか?」

「え?」

「帰ったら返しに行くから」

「でも」

電話の向こうで「みやびー」というみやび……マサのお母さんの声がして、「今いくー」と彼は返事をした。

「じゃあ、頼んだ。白い恋人、土産に買って帰るから」

電話は切られてしまう。立て替え……。安く作った保険料は3つ合わせて一万五千円くらい。安くはない。とはいえ、払えなくもない。ただ、それは違反行為だ。彼は友だちとしての私に何気なく言った。たとえばこれが、ごはん代とか、カラオケ代を手持ちがないから立て替えておいてくれというのならば問題はないし、「あとでちゃんと返してよね」で、私も財布を開くけれど、今、私たちには友の関係に加えて保険屋と客という関係が追加されてしまっているのだからそうはいかない。保険料は契約者が払うものであって、たとえ友だちであっても立て替えることは許されない。

あの初めて行った大会で、募集事故を起こしたオフィスや職員の姿を思い出す。あのあとも〝戦〟のつく月の前には必ず大会がおこなわれ、ときどき事故が起きたオフィスはあった。皆の前で名前を呼ばれ、立たされ、ペナルティを課せられた。

もし、立て替えをしたら……次の大会のときに私の名が呼ばれ、オフィスの全員が立たされて、ペナルティが課せられる。

「三上？　このお友だち、今日会えそう？　払ってもらえそうなの？」

電話片手に廊下で立ちすくむ私の様子を、マスターが見に来る。フウと溜息をもらして、私は頭の中を整える。今すべきことはなんだろう。どうすればすべてうまく収まるのだろう。今日中に払わないといけない、けれど、払える人がいない。私が立て替えるのは違反だ。もしもバレたら……大変なことになる。バレたら……バレたら……？

「うん、そう、いけないことだよ」

あの日の有村さんの小悪魔めいた笑顔が頭に浮かんだ。

「はい、大丈夫です。先ほど連絡取れまして、今日払ってもらえそうです」

「よかった、今日中だからね。絶対今日中に……払うところ付き添って確認しておきな」

大丈夫。すべて大丈夫。大丈夫に決まっているから、大丈夫。私にはこうするしかない。

有村さんがしていたアンケートの水増しとはレベルのちがう悪事だ。わかっている。これがバレたら大変なことになる。わかっている。故意じゃなくてもあれだけ大会で火あぶりにされていたというのに、私は今、故意にそれをやろうとしている。そう、バレたら火あぶりじゃすまない。ただ、それはバレた場合でしょう？

バレなかったら……？　テレビ局に告発したことも放送されなかったから、当たり前だけれどバレてはいない。うまくやればいいのだ。

とりあえず彼の代わりに保険料を立て替えた。

マサは有言実行の男だから、お金はすぐに返してくれるだろう。それで万事解決ではないか。たった数日間のことだ。それでこれからずっとマサは保険を持てるし、私もとりあえず半年はこの会社にいられる。それでいい。何も問題はない。

内勤さんに払い込み用紙を用意してもらい、自分を正当化する理由をごまんと体の内壁に飾って、オフィスを飛び出した。悪いことをしている意識はある。

なぜか芥川龍之介の『羅生門』を思い出した。死体の髪を抜いてカツラを作り、それを売って生きる金にしようとした老婆。まるで私のようだ。

汗ばんでじっとりと湿った払い込み用紙を片手に一度家に帰る。パンプスを玄関に脱ぎ捨て、淡いパステルカラーのトップスを脱いで床に叩きつけ、スーツを脱ぎ捨て、クローゼットから男物っぽい服を出してきた。ドクロの書かれたTシャツに革ジャン、ダメージジーンズをはいて、男性に変身する。黒いマスクに黒い帽子、財布と払い込み用紙だけを小さな鞄に押し込んで、家を出た。

自転車に乗って向かうはマサの最寄り駅。駅前には1つコンビニがある。払うのならばそこで思った。

「いらっしゃいませぇ」

店の中に入る。少し残っている良心が、すぐに足をレジに向かわせるのではなく、店内をユラユラと旋回するように動かした。お菓子売り場や、今日発売の『少年サンデー』の置かれた本棚を横目に、何も手に取ることなく、良心を無視してレジの前に立つ。

今ならまだ引き返せる……。払い込み用紙を出すな、そうだ、「肉まん1つください」だ、そう言え！　と頭の奥で天使が叫ぶ。肉まんも美味しそうである、白くムッチリとした形と、中に肉がギッシリと詰まっている。唾液が口腔内に溢れた。

だが、そんな唾液《だえき》の量では潤せないほど、私の喉は枯れていた。この渇きは、おそらく無事に払い込みが完了し、この契約が成立し、私の首の皮がつながることでしか潤せない。そして、一刻も早く潤すには、ルールを破るしかない。

「払い込み、お願いします」

そこからは簡単であった。いつだってそう、上るよりも、落ちていくほうがずっと簡単なのである。

私は自分が出せる一番低い声を出して、払い込み用紙と現金を店員へと差し出した。店員は、

「はぁい」と疑うことなく手続きをする。あっという間に完了した。

レシート片手に、「あ、事務的には女性で加入しているから男装しなくてもよかったんだな」と、ようやく気づく。

コンビニをあとにすると、ジワジワと体が震え始め、眩暈でしゃがみ込んでしまう。通りすがりのおまわりさんに、「大丈夫ですか？」と声をかけられ、「あ、はい！　すみません」と、なぜか謝りながら無理やり立ち上がり、コンビニの壁にもたれた。「気をつけてくださいね……」と去っていくおまわりさんにホッとする。

私は罪を犯した気分で、おまわりさんの制服に身構えてしまったのだ。現実、私は法律を犯しているわけではないけれど、社内においては大罪人になった。後ろめたさで体がジンジンするものの、これで半年は生き残れるという安心感で、涎が滴りそうだった。私の脳はこの一件で少しずつしびれ始め、次第に脳全体が麻痺していった。

31

「いやぁ、悪かったな。これ、金と土産な」

翌々日、白い恋人と共にマサは肩代わりした保険料をポチ袋に入れ返してくれた。サブ口座であるM銀行の口座にも、保険の引き落とし用に現金を入れておくと言ってくれたから、引き落としが滞ることはない。立て替えがバレることもない。これですべては解決した。これから半年はシルバーとして延命された。約1か月後には11月戦も控えている。真面目に営業をしていこうと、テレアポに励む。だが、一度転がり落ち始めたのに、止まるなんておこがましい。私はもう落ち続けるしかないことに気づいていなかった。

「皆様、いつも活動ご苦労様です。さて、本日こちらのオフィスに参りましたのは、迫る11月戦のため、支社からの、あるスペシャルな施策をお伝えするためです」

まだ10月になったばかりだというのに、冬を感じさせる風が吹く日の朝礼に支社の面々……スーツ姿のおじさんたち……が、ズラリと揃っていた。

施策とはまぁ、私たちを釣る餌のことである。

馬ならニンジン、猫なら魚、保険屋には甘い施策。戦の月には、「〇件契約取れたら、とちおとめ3パック」とか、「大口契約取ったら、北海道の人気スイーツ」なる甘い餌が吊るされるのだ。当然ながら、私はその餌に食らいつけたことがない、あまりにも高すぎるハードルなのだ、施策は。オフィス内でも東雲一派、緒方さん、リーダー勢しか手が届かない。

「私も施策でなんか美味しいものもらいたいなぁ。あれ、リーダーは前になにかもらってましたよねぇ」

ルミさんがニカッといつもの調子で声を上げる。

「私は前に高級なチョコもらったよ〜」

リーダーがニコリと穏やかに笑む。緒方さんや、対岸のチームで東雲千恵子がギラついている。

「三上さんもなにかもらったことあるんすか？」

と、まだ戦の月2回目の菅野さんはヘラリと問いかけるので、「あるわけないじゃん」と全否定する。施策なんてもはや別次元の話だ。私は施策云々よりも、とりあえず少しでも契約が積み重なればそれでいい。欲張らないし、欲張れない。だから他人事のように聞き流そうとしていた。

「今回は多くの方に施策のチャンスをと思いまして」

おじさんの一人が笑顔を浮かべながら、巻かれた大きな紙の束3つを取り出して、ホワイトボードに貼り付ける。

「ビンゴ形式の施策をご用意しました」

紙には9つのマスが黒いマジックで描かれていて、それぞれに数字が振り当てられている。

「今から引いていただくくじには数字が書かれています。それと同じ数字のマスに皆様のお名前を貼り付けます」

ビンゴ……ビンゴは、1マスや2マスでは揃った、とは言わない。なんとなく嫌な予感がしてきた。

「そして縦横斜め……どれでもいいので、3名がNJを達成するとビンゴとなり、箱根の高級ホテルの宿泊券をお渡しいたします」

NJ？　2年目の、戦の月のNJの契約数はなんと4件。そんな無茶な。ほかのベテラン勢に至ってはNJの条件が6件や7件だけれど、「やってやるぞ」と勇ましくフンッと鼻息を漏らす音がした。真ん中になってしまったらどうしよう。

「では、入社年が早い順にくじを引きに来てください」

今年入社の新卒の子がまず引く。結果は左下。次は菅野さん、右上。さて、私は……箱の中に手を突っ込んでぐるぐると紙をかき混ぜる。NJなんてとても無理。どうかどうか真ん中を引きませんように。そう願ってみたものの、保険の神様とやらは意地悪だ。

「おお、ど真ん中に三上さん！」

私は真ん中を引き当ててしまった。そして、その周りを東雲千恵子さん、リーダー勢、緒方さんらに取り囲まれる。

「ご愁傷様、みかんちゃん」

チーン、とルミさんが手を合わせて、鈴を鳴らす真似をする。

「大丈夫、あんたに期待してないから」

と、緒方さんは冷めた目で言う。一方で、東雲千恵子がギロリとこちらを見たかと思うと、朝礼終わりに手招きされた。

「三上さん、あなた担当地域は？　職域は？　どういう人から普段保険取ってるの？」

「ええっと」

「ここなんかオイシイじゃない！？　取れるわよ」

ベテランのスキルを惜しみなく伝えてくれたものの、そのスキルは土台があってこそ活かされるわけで、土台がフニャフニャの私には活かせるわけもなく、ただ圧を感じただけだった。

ビンゴ……子どものころ、誕生日会でやったあの楽しいパーティゲームはいずこへ……。

連帯責任なんて、重すぎる重圧をかけてくるなんて会社はズルい。私は連帯責任が苦手だ。スポーツだって団体競技より個人競技派。小学生のころに、漢字テストの平均点をほかのクラスと競い合ってたから、必死に100点を取った。勉強しないで30点を取ったふざけたクラスメイトは、クラス中から恨まれた。私だって、「どうしてクラスの足を引っ張るの？　ほかの組に負けちゃう！」とイラついたものだ。

私のせいで、周りに迷惑をかけることを想像しただけで、いたたまれなさで気絶しそうとなったら、やるしかいけなくなる。漢字なら、覚えればよかった。トメハネも気をつけて。そでも今は契約を取る……いや、かき集めないとならぬ。とにかくやらなくてはいけない。

32

「もしもし？　みかんだけど！　あのさ、お茶しない？」

「あ、先生、お久しぶりです！　三上です〜。今度よかったら」

残る友人や知人で保険の話を聞いてくれそうな人に片っ端からアポを取り、保険を勧めていく。

休職を挟んだ期間に私からの「お茶しよ」「イベント来ない？」の連絡がなかったから、皆、私が保険屋を辞めたと思っていたらしく、警戒されずに会えた。すんなりとアポが取れると、

『赤ずきん』に出てくる狼のように、自分がこずるい生き物になってしまった気がした。とはいえ、こずるい上等、だと何食わぬ顔で会っては保険を勧めた。

社会人を2年もやってると、会社に保険屋が出入りするせいか、交わし方を身に付けてきている。

「あのね、言ってなかったけど、私の叔母が保険屋さんだから、保険はその人に全部任せてるんだ」

「え？　そうなの？　どこの会社って聞いてもいい？」

「えーっとジャパン生命……」

職域での縄張り争いのように、私たちには身内が保険屋の場合、手を出せない…という暗黙の了解があった。

身内に保険屋がいる＝縄張りよりもさらに手が出せない、もはや神域だ。

それを知っているのかわからないが、以前はそんなこと言っていなかったのに、皆、口を揃えて「叔母が」「いとこが」と言うようになっていた。嘘か本当かわからない。しかし、言われたらもう無条件に引くしかない。どうしよう。

そんなとき、とある友だちに会った。

中学校時代の同級生の彼女は、派遣で働いているから保険屋との接点はなく、「叔母が」「いとこが」の盾《たて》にかわされることはなかった。

「保険かぁ……入りたいけど、手取り安いから、この金額は無理かなぁ」

「5000円でも高い……かな？」

「うん。でも、乳がんかぁ……若くてもなるって言うよね？　この前、元アイドルの子も20代でなったってニュースで見たし、気にはなるけどなぁ……。もうちょいお金に余裕があればなぁ」

「お金……かぁ」

「派遣だからねぇ、やっぱ給与がね。もうギリギリだよ。男性の正社員と比べると絶望的。自炊するけど、安い店必死に駆け回ってる」

「わかる……もやし最強だよね」

「みかんは正社員だからそれなりにもらってるんじゃないの？」

「そんなわけないじゃん！　保険取れなきゃ、3年目には給与9000円って人もいるんだよ」

「へ？　バイトの日給じゃなくて？」

「まさかの正社員の月給」

「もし、お金を気にしなくていいなら入るんだけどねぇ」

保険料立て替えという罪は、立て替えた分のお金を返してもらってチャラにできた気でいたが、やはり償っていないので、罪はいつまでたっても罪として、私の中に残っている。保険に入りたいという意思はあるけれど、金銭的に余裕がないという友人を前にしたとき、それが疼《うず》いた。

この仕事をしてきた経験上、保険に率先して入りたいという人は少ない。保険に入りたいけれど、金銭的理由が邪魔をして入れない人なんて、なかなか出会えない。

ビンゴが始まるや否や、皆「真ん中が三上かぁ」と嘆きつつも、続々と契約を積み上げた。そしてもう、NJを達成した人もいた。達成者の名前の上には、紙で作られたピンクの花がつけられる。「三上」という名前の周りに少しずつ花が咲き始めた。私以外が咲き誇り、いたたまれなくなる日も近いだろう。そうさせないためにも、私も花に水をやらねばならない。こんな人、逃しちゃいけない気がした。

保険に入るのに障害があるのであれば、それを私がどうにかしてあげる、岩ならば砕くし、獣が立ちはだかっているのならば狩ってあげる。追い詰められる日々によって、悪い意味での死に物狂いの精神だった。この獲物を逃すものかと、私の口はすんなりと、とんでもない言葉を口にした。

「お金のことなら気にしないで」

「え？」

「私が出すよ」

「え、でも、みかんも大変なんじゃ」

「ううん、私はまだ保障給があるの！　だからさすがに9000円はないからさ」

保障給は、本当は雀の涙ほどしかない。手放すのが惜しい。生きていくのに必要なお金。意志に反して口が動いた。

「気にしないで！　ほんとに。がんとか怖いし、入っておいて損はないでしょ！」

「う、うん。じゃあ、余裕ができるまでお願いしても……いい……？」

マサの保険料を肩代わりしたときにふと、「こういうやり方をすれば保険に入ってくれるのではないか」という魔が差した考えが浮かんで、「いけない、それは違反だろう」と自分を諌《いさ》めたことがある。あれが伏線になってしまった。

「本当にいいの」

「うん、もちろん」

どんどん暴走していく。「払おうか？」は、無敵な呪文になった。その言葉さえ言えば契約が取れる。お金がネックで保険に入るか躊躇う人に出会うと、その呪文を唱えた。

土日のサービス出勤、サービス残業、ウザがられる家への訪問や投函、自腹を切ったプレゼントをしても、契約が取れなかったのに、この呪文を唱えるとあっさりと契約が取れる。おもしろいくらいだった。

何か振り切ってしまった感がある。悪いことをしているのはわかっているけれど、ただ、本当に契約が欲しかった。一つでも多くの契約が欲しくてたまらなかった。まともに、真面目にやっては契約なんてそう簡単に取れない。パンプスの中を血豆で赤く染めて、絆創膏を2枚重ねづけするものの、痛みは拭えずに担当地域を裸足でヨロヨロ歩いたり、嫌われたり、友だちを失ったり、拒まれ続けた私はもう限界をとっくに超えていた。

契約を積むにはもう手段など選んでいられない。私は止まれなかった。

契約の取り方なんてどうでもいい……とにかく契約があればいい、契約があれば安心する。

ビンゴの紙の「三上」という苗字の上にようやく咲いた花、営業成績一覧に積まれた契約を見ながら胸を撫でおろす。思わず笑いそうになった。それも立っていられなくなるような、笑い。まるで漫画のワンシーンのように、床を転がり、大声を上げて笑い出すような。さすがにオフィスでそれはできないから、こっそりとあのアイデアコンテストの結果を片手に涙した非常階段へ行き、そこで鉄柵をグッと握って風を受け、空を仰ぎながら、笑った。

「アハハハハ、契約取れてる！　取れてる～」

何がおもしろいかはわからなかった。とにかく笑えて仕方がなかった。ビンゴは達成し、11月戦を無事に終えた。その時点で、呪文を使うのはやめるべきだった。けれど……。

「ふざけんなよ、どうなってんだよ、この数字。上に立つおまえがしっかりしていないからこんなちんけな数字しか上げられないんだろう。しっかりしろよ！」

オフィス長を怒鳴る支社のトップの老年男性の声を思い出す。怒鳴られるオフィス長や委縮するマスターらの姿も見たくなかった。血がつながっているわけではないが、毎日顔を合わせているオフィス長やマスターが、働きアリを管理するだけの、現場にも出てこないような男性に言葉と声量でいたぶられているのを見ると、DVを目の当たりにした子どもみたいな気持ちになる。なんとかしなくては。悪からオフィスを守るような気持ちで呪文を唱え続けた。

今までは契約ゼロの月もあった。延命してからはゼロの月などない。それもそのはずで、正しい契約の取り方ではないのだから。とはいえ、契約ゼロのいたたまれなさや惨めさに比べたら、いけないことをしているという罪悪感すら薄らいだ。もう感覚が麻痺しているのだ。契約を取れるのならば、あとのことはどうでもいい、どうにでもなればいい。明るい自暴自棄のような状態が数か月にわたりずっと続いていた。

そんなある日。

「三上、最近、契約取れてきてるね」

テレアポ中に、マスターからふいにそう言われてドキリとする。

「いえ、そんなことは」

実力で、正しいやり方で契約を上げていると疑わないマスターの言葉には、申し訳ない気持ちで久しぶりに胸が痛む。初めて罪悪感を知ったときみたいに胸の痛みを感じ、思わずよろめきそうになる。

「やればできるって思ってたよ」

もしこれが自分の実力で契約を上げているのならば、胸を張って誇ってよいかもしれないが、私は誇れることなどしていない。むしろ、咎《とが》められることしかしていないのに……。とても心が痛んだ。痛がる資格なんてないのに。

「これあげる。お客さんのところでもらったの。シルバーに上がってからずっとがんばっているから、そのご褒美だぞ」

村上リーダーが私のデスクにマカロンを置いてにっこり微笑む。

「いえ、あの……」

こんなのもらえない。だって私は……。

「本当に偉いよ。私なんてこのままじゃプロ落ちだもんなぁ、がんばらなくちゃ」

「いえ、ルミさん……そんなことなくて」

「私からはチョコをプレゼントしてしんぜよう」

「……これ、ハピ郎のティッシュ、新作だから使いなよ。意外と根性あったね、三上って」

ルミさんや緒方さんからもそう言われて、いたたまれない。この人たちは私が違反を起こしていることを知ったらどんな反応をするのだろうか……。今すぐに、「実は私！」と言ってしまおうかとも思った。当然、そんなことはできない。

「私より年下なのに本当にすごいなぁ」

「めちゃくちゃ憧れちゃいます」

中途採用の年上の後輩さんや、今年、新卒で入ってきた後輩にキラキラとした眼差しを向けられて、申し訳なくなる。憧れられるような人間じゃないよ。本当はね、偽物なの、嘘ばっかりなの。有村さんもこんな気持ちだったのだろうか。

憧れるのは簡単で、ただ胸の高鳴りに身を任せていればいい。一方で、憧れられるというのはうれしい反面、憧れに相応しい自分でないと重くてつぶれてしまいそうになる。

「三上さん、あと1件の契約で次の職選、ゴールドだよ」

オフィス長の一言で皆が、「すごい」と沸いてくれるものの、もう心臓は止まりそうだった。ゴールドに上がれるのはうれしい。この先、契約が取れなくても、少なくともシルバー落ち、ブロンズ落ち、したとしてでも、ここにいられるわけだから。けれど、こんなことずっと続けられるのだろうか……。その不安は前からあったにもかかわらず無視をしてきた。ここにいる限り契約を取り続けなくてはいけない。私は本当にこのまま進んで大丈夫なのだろうか。

「最近、がんばってるもんね」

「おめでとう、すごいよ」

本来ならば場の主役になって賞賛されて、賞賛の言葉一つひとつを花のように一輪一輪愛でて、花束のように抱きしめたかった。現実、私はその賞賛の言葉を受けるような立場ではないから、「がんばっている」「よかったね」の優しい言葉は、ナイフのように体に刺さって、その刺さったところから垂れ流される血が、ようやく私に善悪の感覚をジワジワと戻させる。

我に返ると、私ったら何をしていたのだろう……と恐ろしくなった。いくら恐ろしくなったところで、保険料を肩代わりした契約が消えるわけではない。

「あの、オフィス長」

「ん？」

「えっと、あの……なんでもないです。すみません」

罪悪感に耐えられなくなり、罪を告白しようとした。

言えなかった。

今までの私、どうかしてた、今日からは心を入れ替えてやろう！　もう取ってしまった契約はバレないように守っていく。もうあの呪文は使わない。そう心を入れ替えて出勤し、アポに向かうものの、真面目にやってもやはり契約は取れないのだ。いつもの何倍も足を動かしているのに、ちゃんとした契約が取れないのだ。

同時に、肩代わりすると宣言した保険料が生活を圧迫している。

魔法の言葉は確かにその場では魔法のように契約が取れるけれど、当然保険料は発生し、のしかかる。肩代わりした金額が給与とたいして変わらない額になり、保険料の足しにしようと始めた夜のカラオケ店のバイトで酔っ払いにくだを巻かれて絡まれて、ヒットポイントが削られる。

恐ろしいまでの自転車操業だった。

枕営業よりは自転車操業のほうがマシだと思ったが、どちらも目くそ鼻くそだ。

家に帰ってきてベッドに倒れ込む。そういえばもう、ここのところずっと「ＱＫＪ」に行っていない。たまに来る弥生さんからの連絡は無視してしまっている。だって、ほら、契約にならないから……保険料払ってあげるって言っても入ってくれなそうだから。

あぁ、そうやってすべての人を選別している私が嫌だ。

ここのところ、「契約を取る」以外に頭が動かない。何もおもしろくない。何も楽しくない。何も興味がわかない。もう仕事のことも何も考えたくない。あの日、飛び込んでいたのならば、違反を犯すこともなく、楽になれていた。なんで、保険金のことに気づいてしまったんだろう。

今からでも遅くはない。何も考えなくていい世界に行きたい。私の住むアパートは3階。この高さから落ちるのでも死ねるのだろうか。死に損なって生きるのは嫌だけれど……。私の入っている保険ならば５００万円が出るなと思って、そんな職業病の脳にまたイラついた。

ベランダに座ってたいして美味しいとも思わない煙草に火をつけてみる。

喫煙者ではない私がなぜタバコを持っているかというと、元彼女の忘れ物である。マルボロ。

煙草を吸うのが下手な私は、うまく煙を吐けずにむせる。それをよく、元彼女は「かわいい」と笑っていた。そんな元彼女も今はいない。

「やっぱり男性と付き合う。杏のことは好きだけど、マイノリティとして生きていくのは辛い。だってなにかに抗《あらが》っていかなくちゃいけないじゃない。私、そんなに強くない」

そう言って去ってしまった。

風の噂で男性と結婚して妊娠したということまでは聞いた。

「どいつもこいつも普通になってしまう」

私はこれからどうやって生きていくのだろう。それを考えると不安で狂いそうになる。

当たり前の普通のレールが、人生には敷かれている。7歳ならば小学生で、14歳なら中学生で、17歳なら高校生で、20歳なら大学生で、23歳なら新社会人で、それにずっと乗ってきたから乗り続けていたいけれど、そのレールに乗り続けるためには会社員であることが必要だし、これから先、どうしてもそのレール上にある普通の結婚や出産といった多数派向けのキーワードがぶつかってくるのかと思うと、これから先、生きていくことに希望が持てない気がして、考えるのをやめた。

――みやびは大きくなったらどうなりたい？

――あたしはあたしのまんまで生きたい。

――今のみやびはみやびじゃないの？

――本当は「俺」って自分のこと言いたい。

――え、いいじゃん。「俺」って言いなよ。そのほうがみやびに似合ってるよ。

――ほんと？

――みかんは？　将来どうなりたい？


子どものころは未来のことを考えるのが楽しかった。それは一種の妄想めいた希望を抱いていたからかもしれない。25歳の私にはたいした希望もない。バタンと仕事用の鞄が倒れて、遺書とお手製の退職届がフローリングを滑る。

「……みやび」

死にたくなったら出せと、渡してくれたけど、私にとっては辞めることが死ぬことよりも怖いんだよ。死ぬことに、さらに前のめりになる。灰皿がないから、タバコの火を自暴自棄にテーブルに押し付けて消した。ベランダから真下を眺めて、口元が緩む。もういいかもな……

と、思っていると電話が鳴った。オフィス長からだった。

「夜分にごめんね」

「はい……なにかありましたか?」

「その……もし、まちがっていたら申し訳ないんだけど」

「はい」

「さっき本社から連絡が来て……」

「はい」

「なにか私に言っておかなくちゃいけないことはない?」

「……え?」

「がんばっている三上さんのことを疑いたくはないけど、本社に名指しで連絡があったらしいの。契約の取り方について」

ピシャンと冷水を顔にかけられたような感覚に陥った。一方で、謎の清々しさもあった。

「私に言えない契約の取り方していないわよね」

あぁ、いつかそんな日が来るのではないかと思っていた。

バレてはいけない、バレるものかと思いながら、どこかで少しバレてほしいと思っていたのかもしれない。

鍵付きの引き出しを開けると、証拠なんて捨てればいいのに保険料を立て替えた客のリストと、銀行の取引明細がある。

20年近く逃走した殺人犯のドラマを思い出す。時効直前に行きつけの飲み屋で捕まった。ひっそりとアパートで息を潜めて時効の日を待てばバレないものを、なぜ人が集まるところに行ったのか？　その問いに「私に戻りたかった」と言ったという。

その気持ちが少しわかる気がした。それにしても名指しとは、いったい誰が連絡をしたのだろうか……。けれど、もう誰でもいい。契約者の名前を撫でながら、涙が伝った。今月はギリギリ全員分の保険料を、引き落としの口座に入金できていた。だが、来月はもうどうなるかわからなかった。

「オフィス長……」

罪を抱えながら生きていくのはとても苦しい。辞められない私がこのまま死ぬ以外で楽になる方法は、会社のほうからつないだ手を放してくれる……つまりクビになるしかなかったのかもしれない。

「申し訳ありません。実は……」

33

「あなたのしたことは違反です。オフィスの皆さんはあなたのせいでペナルティを受けます。なぜこのようなことをしたのですか?」

オフィス長からの電話を受けてすべてを話した翌々日、オフィス長と共に都心にあるハピネス生命の本社の応接室に呼ばれて、取り調べのような尋問を受けていた。

どの契約が自分が払ったものか、いつからなのか……。一つひとつに答えていく。オフィス長はそれを、私の隣で微動だにせず聞いている。本社の人は淡々と一人が質問をし、もう一人がそれを書き残していき、問答の最後に、「なぜこのようなことをしたのか」と聞いてきた。

なぜ……。はっきりと言葉にできなかった。この言葉にできない気持ちは、契約を取らず働きアリを管理するだけの本社の人には、電車に飛び込もうとした心情も、幼馴染に契約と引き換えに身を捧げようとした感情もわからないだろう。

「申し訳ありませんでした」

私はその問いには答えず、ただ頭を下げて、本社をあとにした。私たちが普段働いているのは東京とはいえ、はずれのほうだけれど、本社は都会も都会、大都会にある大きなビルだ。それに背を向けてオフィス長と無言で歩いた。

「ごめんね」

その一言は、オフィス長から出た。

「どうしてオフィス長が謝るんですか」

「私の監督不行き届きかなって。もっと相談とか乗ってあげたらよかったね」

「そんなことありません。私がすべて悪いんです、私が」

私は悪人なのだ、罪人なのだ、泣くことなんて許されるわけがない。何を被害者ぶっているのだと思いながらも、ボロボロと涙が溢れた。もう契約を取らなくていいと安堵しているからなのか、隠していた秘密を口にできたからなのか……わからないけれど、ただただ涙が出た。

休職中も原因不明でよく泣いていた。それよりも熱い涙だった。行き交うスーツの人々が訝《いぶか》しげに私たちに視線を送る。そんなものは関係なしに私は泣いた。そして駅まで歩み続けた。

「本当に、本当に申し訳ありませんでした」

私のせいでオフィスの皆はペナルティを受ける。そこに私はいないのに。謝っても謝っても謝り足りず、足を止め、むせび泣いた。オフィス街には似合わぬ声だった。

「三上さんは保険屋には向かなかったわね」

数歩前で足を止めて、振り返りつつオフィス長は言う。表情を一切変えず、にこやかなままで。

「この仕事は嫌われるのに慣れないといけないから、でもあなたはそれが無理でしょう」

「すみません」

「ううん。それが普通だから。ただ、こんなことになる前に、もう少し早く辞めてもよかったかもしれないわね。次は向いている仕事に出会えるといいわね」

保険屋というと嫌われるのは日常茶飯事で、私はそのたびにバカみたいに傷ついたり、どこかのアイドルみたいに、「保険屋ですけど嫌いにならないでくださいっ！」と心の中で叫んでいた。

一方で、オフィス長は嫌われることをなんとも思っていない。一部の職員からの陰口もまったく気に留めていない。仕事人としてはいいこと……適応しているかもしれない。けれども、なんだかあまりにも悲しく思えた。

「あのオフィス長」

微笑んではいるが、怒っているのだと思った。子どものころから人の顔色を見る癖があった。この仕事を始めてからよりそれに敏感になっていた。

「今月残りどうする？　有給あれば休んでもいいし、来てもいいし」

「休み……ます。それで、そのまま辞めます」

誰かが辞めるときには、月末に一言挨拶をして、菓子折りを配り歩いて辞めるのが通例だった。消えてしまった有村さん以外は皆、円満に通例通りに辞めていった。けれど、私はもう皆に合わせる顔がなかった。このままいなくなることは逃げかもしれない……いや、まちがいなく逃げだ。申し訳なくてたまらないから顔を合わせたくないなんて、あまりにも自分本位だ。

しかし、そうするしかなかった。

「そう、わかった。荷物とかはどうするの」

「土曜日の人がいなさそうな時間に運びます」

「わかった。戸締りだけはちゃんとしてね」

このことをオフィスの面々が聞いたらどんな反応をするだろうか。想像してはまた罪悪感。こんなにも苦しいならば違反などしなければよかった。何が三年神話だ。潔く辞めておけばよかったのではないか。洗脳が解けたように、脳内で雪解けの音がした。

「あの、マスターにもこのことは伝わりますよね」

「ええ、伝わるでしょうね」

マスターにだけは、合わせる顔がないと言わずに顔を合わせなくてはいけないような気がした。

大学生のころからもう4年近くかかわってくれたのに、裏切ってしまった。この期に及んで何を言うのかという話だけれど……。

オフィス長がまた歩き出す。私も母鳥を追う雛のように、ヨタヨタとあとを追う。

「許されないことをしたというのは忘れないでね」

「はい、申し訳ありませんでした。あ、あの……」

「なぁに」

「もしオフィスのノルマで契約が必要なことがあれば、私、加入します。何件でも入ります」

罪滅ぼしだった。どれだけサービス出勤をした、サービス残業をしたといっても契約がすべてのあの会社では、私がいくら謝ったところでなんにもならない。ならば、私のせいでペナルティを課された分、私が契約に入ればいいのではないかと思った。

オフィス長は、「フフン」と鼻で笑った。

「いりません、あなたの契約なんて」

「でも……私、それくらいしないと申し訳が」

「だって、初振落とされたり、継続率が怖いもの」

こちらを一瞥《いちべつ》もせずにそう言う。私に対する信頼・信用というものは、もう1ミリたりとも残っていないということがわかった。

34

土曜日。私は荷物を運ぶために最後の出社をする。

〆切前の土曜日は、平日ばかりに人がたくさんいる。〆切明けで、なおかつ夕方ならば誰もいないだろうと重たい扉を恐る恐る開けた。

すると、オフィスの半分だけ電気がついていて、冷えピタをつけた上条マスターがカタカタとハピノートのキーを打ちながらモニターを睨《にら》みつけている。

「マスター……」

化粧がばっちり施された顔しか見たことがないマスターは、スッピンだった。眉毛すら書かれていない。

「三上、どうしたの？　今日アポじゃないでしょう」

あれ、これはもしかしたら、オフィス長から伝わっていないのだろうか……早めに伝えると言っていたのに？

「まぁいいや、せっかく来たんだから、来月の作戦立てようよ」

「来月……？」

「今月、ゴールドダメだったけど、とりあえずシルバーで現状維持できるわけだし、次の半年でゴールド目指そう」

あ、やっぱり伝わっていないんだ。私が違反したこと、それから……もう来月はここにはいないこと。どうしようと思った。言うべきなのではないか？　でも、言うのが怖い。悲しませたくない。とはいえ、言わずに来月の予定を立てるのも騙すようで心苦しい。

「……私、さっき急に保険に興味がある友だちに会えるアポ入って、準備だけしたらすぐに行かなくちゃいけないんです」

「そうなの、よかったね」

うまくなった嘘をついて、デスクやロッカーからとりあえず自分の私物だけをこっそりと鞄の中に入れた。ハピ郎のグッズや営業で使えるものは置いておこうと思った。誰か後輩たちで分けてもらえればいい。

「じゃあ、私はこれで。アポ行ってきます」

「三上、あのさ……」

マスターが何か言いかけると、マスターの電話が鳴る。「ちょっと待ってて」のジェスチャーをして、彼女は電話に出た。お客様かららしい。「ええ、はい、はい。申し訳ありません」そう頭をヘコヘコと下げる。電話の相手は中年男性らしく、大きな声でまくしたてるように怒鳴っていて、「クレーム入れてやるからな」「ふざけんじゃねぇ」「死ね、保険屋。アバズレどもが」などと、一方的に悪態をぶちまけて、それに対してマスターはずっと謝り続けていた。

それは10分近く続き、相手が怒るヒットポイントが切れたころに電話は切れた。マスターは、わずか10分足らずで少しやせたように見えた。

「フウ……5日以上入院しないと保険金出ない保険をお持ちのお客様に見直し進めていたんだけど、見直しなんてしないの一点張りでね。でも、そのお客様が怪我で3日間入院されて。保険金の請求したのに出ないって言われた！　これだけ長く保険料払ってきたのに！　見直しのことなんて聞いてない！　って、クレーム」

「それって、こっちに非はないんじゃ」

「確かにいくら見直しの話をしても門前払いだったけど、私たちがもっと押せばよかったかもしれないし、保険金が出ないことに対してのお客様のお怒りもわかるからね……」

マスターは机の上にあった薬のシートから、パキリと1つを切り取って水で流し込む。

「それでね、三上」

また電話が鳴る。今度は出ずに話を続けようとするけれど、私は「出てください」と言った。

「ママ？　お風邪、だいじょーぶ？」

テレビ電話らしい。液晶画面を真っすぐ見つめているマスターの背筋は凛としている。小学校低学年くらいの女の子の声と、「うん、大丈夫よ、ありがとう」と返すやわらかい声が薄暗いオフィスに響いた。

保険会社の職員はなぜ女性が多いのか。

それは戦後……戦争で夫を失い、子どもを食わせていかなくてはならないのに、女性の求人が少なかった時代。生命保険会社が戦争未亡人を集めて「保険募集人」にしたことから、現代でも生命保険会社で働くのは女性が多いと聞いたことがある。

今だって新卒で入社してくる人よりも、中途採用で入社してくるママさんのほうが多い。

パートよりも正社員のほうが良いとか、給与ががんばり次第でアップするとか、子育てしながら働きやすいとか、甘い言葉に誘われて……。けれど、現実には甘さなんてまったくない。あるとすれば、それは錯覚だ。グッと唇を噛んで滲む血を「あれ？　甘い？」と錯覚しているだけだ。

この仕事を始めて、女性でいることがイヤになってきた。別にマサのように心と体の性別にズレがあるわけじゃない。ただ、女性は窮屈だ。

「マスター、大丈夫ですか」

その「大丈夫」には、ただ体調を案ずるだけではなく、これからのことへの心配も含んだ。自分のせいでオフィスの人はこれから苦しむ。私がいわば戦犯だ。私には心配する資格はないし、心配などされたくないだろうけれど、それでも心配せずにはいられない。

自分のことで手一杯だった「保険屋・三上杏」の寿命が近づいて、ただの「人間・三上杏」に変わりつつある今、ノルマのためにとっておいた脳と心の容量が空き、辺りを見渡して、他者を心配する余裕ができてきた。

オフィス長、マスター、同僚のみんな、私には全員サイボーグのように見えていた。鋼の心、鋼鉄の肉体……。改めて見ると、人間だ。そして、皆、誰かの妻や、母親や、娘であって、人として生きていくためにサイボーグとして武装しているというのに、私が自分本位で犯した罪のせいで誰かを壊してしまったらどうしたらいいのだろう。皆、そんなやわな人たちではないと思うけれど、でも……。

—オフィスに何十年もいる人たちって強いと思うでしょ？　けど、強いんじゃないと思うんだよね。なんていうか、突き抜けちゃってるんだよ。病んだ末に振り切ってめちゃくちゃ明るくなっちゃっているような感じ。あの仕事をしているとだいたい病んじゃうよ。

有村さんがいつかそんなことを言っていた。皆、笑っているが、心の中はわからない。必死に壊れないようにギリギリを保っているかもしれない。その均衡を、私の罪のせいで壊してしまったらどうしよう。

人は案外脆《もろ》い。

生保業界の高い離職率。

大半の人が、「もう無理」と見切りをつけるか、病んでしまってオフィスを去る。残る一割は、緒方さんのように完全に割り切って働き続けているものの、心なんていつ何をきっかけにヒビが入るかなんてわからない。

そう思うと恐ろしくなる。死のうとしたあの日の私。マスターやリーダー、ルミさんたちも、もしもそうなってしまったらどうしよう。そうしたら……旦那さんは……お子さんは……。

バッドエンドな妄想ばかり浮かぶ。

ノルマも、この会社も、保険業界がそもそもおかしい。今働いている人、これから働く人が、私のようになってほしくないから内部告発にまで挑んだ。結局ダメだったあのときに、ここを去っていればよかった。そうしたら恩を仇で返さずに済んだのに……。

ノルマも、会社も業界も恨めしいけれど、オフィスの面々は大切だった。それなのに、私はその人たちを一番苦しめてしまう。

「マスターは保険の仕事好きですか」

「……ええ。報われないことも多いけどね」

「そうですか……」

「三上さんは?」

「契約取るのは苦手ですけど、保全でお年寄りの家に行ったりするのは好きです」

「……三上さんはそれでいいと思う。本社にもね、保全で来てくれた保険屋がよくしてくれたって、おほめの声も来てるみたいだし。でも、契約もちゃんと取るのよ」

「はい。……あのいろいろとご迷惑かけてしまってすみません」

「どうしたの？　急に」

「いや、なんか、ふと思って……」

謝りはしたものの、辞めること、違反のこと、ズルい私は口にできなかった。

「来月もがんばろうね」

初めて合同説明会で出会ったころのように、マスターはやわらかく微笑んだ。

憧れた、笑顔だった。

「アポ、行ってきます」

私は一礼し、最後まで嘘をついたままオフィスをあとにした。

「ごめんなさい……ごめんなさい。みんなに迷惑かけてごめんなさい」

もう歩くこともないであろうオフィスから駅までの一直線の道のりを、本人の前で口には出せなかった言葉を漏らしながら歩く。

泣きそうになるも、「被害者ぶるな」と心の奥で一蹴して堪える。誰もができるノルマも成績も上げられず、罪を犯した私に泣く権利なんてない。むしろ泣きたいのは、おまえの客と、あのオフィスじゃないかと、ウインドウに映る自分を睨みつけた。
翌日、私はマサの作ってくれた退職届を書き、オフィス長に郵送した。
3年目を目前にした冬の終わりだった。

エピローグ

「あの、すみません。ちょっとお時間よろしいですか」

　軽くなった鞄に男物の革ジャン、ガウチョパンツ、スニーカー、ノーメイクといういでたちで歩く私に、誰かが話しかける。あからさまに緊張していて、少し怯えた様子のスーツ姿のポッチャリした女性は、バインダーを抱きしめ、重たそうな大きな鞄を肩にかけて、下唇を噛みながらこちらを見ている。

　まるで、鏡に映っている1、2年前の私みたいだと思った。

「はい、大丈夫ですよ」

　誰もが立ち止まってくれない、応えてくれない中で、私はゆっくりと立ち止まり、彼女のほうを向いた。すると、彼女は「わっ」と驚き、もたつきつつも、

「私、ナンバーワン生命の杉下と申します……。えっと、あの……アンケートをお願いしておりまして。お暇でしたら……あ、ちがう！　お時間ありましたら……ご協力いただけないかと……」

と、首から下げた社員証をこちらに向けた。あぁ、そうそう社員証の写真って試験の前に撮るから、もれなくみんな変な顔になるんだよねぇ。ハピネス生命だけじゃないんだと懐かしくなった。

「契約にはつながらないかもですが、お答えはできますよ、アンケート」

「わ、本当ですか……よかった、今日3枚取らなくちゃいけなくって……あ、こんなこと言っちゃダメですよね。すみません」

「新人さんですか」

「あ、はい、この4月に入社しました」

「アンケート、ノルマあって大変ですよね」

どうして知っているんだろう？　と不思議そうにしている彼女に、「実は私も去年までちがうところで働いていたんです」と言うと、会社もちがうというのに、「すみません！　元先輩とは知らずに声をかけちゃって」と慌てている。なんだかいとおしく思えた。

「いや、見た目じゃわからないだろうし、気にしないでください」

彼女から受け取ったバインダーに、サラサラと適当なアンケートを書いて手渡した。

「あとね、街頭アンケートするときは、ちょっとお時間よろしいですか？　じゃなくて、聞いてもいいですか？にすると立ち止まってくれやすくなりますよ」

「わ、ありがとうございます。やってみます」

先輩風を吹かしてみた。そして、下町の静かな商店街を歩いて、目的地である駐車場に向かう。車に乗るというわけではない、ただそこに来て自分をリセットしたかったのだ。

そこは「ＱＫＪ」の跡地だから……。

「寂しい奴だな。もうＱＫＪはないのに、またここに来て」

「……どうしてもここに来ないと落ち着かないんだよね」

「カウンターもジンジャーエールもないのにな」

「マサもでしょ」

「そう、俺もだ」

保険会社を辞めて１か月もしないうちに「ＱＫＪ」は閉店してしまった。

建物の持ち主である大家さんが高齢ということもあり、持っている不動産を売り、老人ホームに入る資金にする。店を間借りしている弥生さんにも、退去してくれないかと迫ってきたのだ。

私は、大反対した。「この土地と建物を買い取ろうじゃないか」と言ったものの、下町とはいえ、都内の土地を買えるほど、誰もがお金に余裕はなかった。

そんな私をよそに、弥生さんはあっさり閉店を許諾した。

閉店パーティーのときには、多様性の闇鍋みたいに人が集まった。

店を残すためにクラウドファンディングをしたいという話さえも出たのだが、弥生さんは、「自分の感じたい風を感じに行ってくる」と、詩人みたいな言葉を残して旅に出てしまった。

ＳＮＳをやっていない弥生さんは、今どこにいるかわからない。けれど、筆不精ながらも、ときどき私かマサにエアメールが届く。先日届いたのはフィンランドから。達筆な文字で一言、「ムーミンって妖精なんだね。カバだと思ってた」だけで、「元気？」の一言もなく、そこがまた弥生さんらしかった。

私とマサは、店があった場所で約束をしていたわけでもないのに、まるでドラマや映画のように、本当に偶然、出会ってしまった。

「おまえ、保険屋やっているときに比べて太ったな」

「おい、昔、女子だったんだからわかるだろ、女子に太ったは禁句」

「女だったのは体だけ。ずっと俺は男だ」

「それに体重はここのところずっと変わってないよ」

「じゃああれだ、生気が宿ってんだな。保険屋のころのおまえは、生きているか死んでるかもわかんなかったもんな」

マサは無事に改名の手続きが済み、晴れて「小泉雅也《こいずみまさや》」という名前になった。私が辞めたあとも保険に入り続けてくれている。改名の手続きを問い合わせたところ、マサの契約は流れ流れて緒方さんに割り振られていて、先日会ったそうだ。

「俺おなべって奴なんですよ」

と、説明したところ緒方さんは、顔色一つ変えず応対してくれたという。

私はあれから会社の周りにすら行っていない。連絡すら取っていない。

きっと責めるような内容の連絡がくると身構えていたけれど、誰からも連絡はなかった。

たまに私が担当していた地域にあてもなく行くことはある。保険屋として知り合った人とは、辞めてからは関わってはいけないというルールだから、ひっそりと、少し歩く。自分が住んでいるわけでもない、保険の仕事をしていなかったらなんのゆかりもなかった住宅街、管理人さんと顔馴染になったマンション、何棟もある建物の場所や名前を覚えた団地、歩くだけで懐かしい。

辞めてまだ1年しか経っていないのに、独り暮らしのおばあさんの家は取り壊されていて、死んでしまったのだろうかと心配になったりするものの、ハピネス生命の看板を背負っていない私は、連絡すらできない。たまに、「あれ、保険屋さんじゃない」と声をかけられて偶然お客さんと会ってしまうことがある。そのときは、「実は辞めてしまいまして」と、お叱りを受ける覚悟で頭を下げるけれど、一度も叱られることはなく、「あぁ、それでよかったんじゃない？　大変でしょう、保険屋さんは」と笑い飛ばしてくれることに救われる。

「ところで、最近どうなんだよ」

「どうって？」

「これだよ、これ」

親父みたいにマサは小指を突き出してくる。なんとも古いジェスチャーだなと、彼の手にチョップを見舞う。

「いい感じ」

「かーっ、お熱いねぇ」

「ＱＫＪ」の閉店パーティで、私は久しぶりに恋に落ちた。好きになるのに性別を問わない私だけれど、今は彼女がいる。相手は口元の黒子《ほくろ》がセクシーで、少しボーイッシュさもある子犬のような女性だった。

「俺もあのパーティいたのに彼女なんてできなかった……うらやましいぜ、ちくしょう」

「マサのこと、かっこいいって言ってる人、何人かいたよ」

「うそ？　マジで？」

「でも、少しバカそうって」

「バカじゃねぇもん、ユーモアがあるんだよ。ルパン三世みたいによぅ」

「それにマサ、あのとき酔いつぶれてたじゃん。たいして強くもないくせにさ」

「だって、それはさぁ……」

「寂しかった？　ＱＫＪがなくなるのが」

「当然。こうして跡地に来ちまうくらいさ」

「類は友を呼ぶだなぁ、私たちは」

「……あ、やっべぇ、俺そろそろ仕事行かねぇと。みかんは今日は休み？」

「うん、明日は仕事だけどね。それより、来る来る言って、いつ食べに来てくれるの？」

「行くよ、行く。どこだっけ」

「新橋だよ。この前あんたまちがえて新宿行っちゃってたけど、バシね」

私は今、友だちの紹介で飲食店で働いている。マサは相変わらずたくさん仕事をしている。

改名自体は済んだものの、戸籍も体も、本当の自分にしていくには相当お金がかかるそうで、まだまだ時間もかかりそうだ。オナベバー、宅配、最近は柴犬カフェでも働き始めて、体がいくつあるのかと疑う。

「あ、いけね、忘れるところだった。なぁ、みかんって、こういうの興味ない？」

マサがポケットから出したのは、グシャグシャの紙一枚。そういえば彼は、小学生のころから学級だよりとか宿題のプリントの類も、ファイルに入れずいつもグシャグシャにしていたことを思い出した。

「俺が宅配のバイトしてる近くに古本屋があってさ。そこでこんなの募集してるみたいなんだよね」

「ノンフィクション賞……？」

「これ出してみれば？　おまえさ、小学生のころ、よく作文コンクールとかで優勝してたじゃん」

そこには、「ノンフィクション賞」の公募と、応募要項が書かれていた。

確かに、小学生のころ、作文コンクールに出してはよく入賞していた。作家になりたいと思ったこともあるけれど、そんなのは遠い夢だ。才能もネタもない。

「無理無理。第一、なんのことを書くっていうの」

「保険屋のこと」

「はぁ？　もしバレたらヤバいって」

「でもおまえ、内部告発とかしようとしてたじゃん」

「若さゆえの過ちだよ」

「シャアかよ。でも、なんかおもしろそうじゃん」

そういえば前にも、そんなことを弥生さんに言われたっけ。

「もし賞とって印税入ったら、紹介者のマサ様に何割かよこしなさい」

「バーカ」

マサはこれからオナベバーのバイトに行くと、上り電車に乗り込んだ。

私はというと、彼からもらった一枚の文学コンクールの応募要項を眺めて……少し心が脈打った。そして、引き寄せられる。どこにかって？　それは会社があったほうへ……。家とは反対の、会社方面行きの下り電車に飛び乗って、約1年ぶりにオフィスの最寄り駅に降り立った。

1年足らずであちこちが変わっていて、駅前の再開発工事が始まっていたり、パチンコ屋が閉店したりしている。

保険会社はたくさんの人を採用する。なぜなら、離職率が高いから。入社から1年以内に辞める人が9割と言われているくらいだ。たくさん雇っておけば、何人かは残るだろうという算段だ。ゆえに、「元保険屋さん」はとてつもなく多い。今では私もその一人だ。

このまま保険の仕事をしていたことは黒歴史にして、わざわざ物語なんかにして掘り返さずに生きていくことは無難だ。たいがいの人はそうしている。でも……なぜか足がオフィスのほうへと引き寄せられた。

知っている人に会うのではないかとビビりつつも、オフィスまでの道のりを歩いてみた。たった1年前に毎日通っていた道だけれど……あれ、こんなにも広かっただろうか？　不思議な感覚になる。ショーウインドウに映る私、スーツじゃない。歩いている足音でハッとする。ヒールじゃない。そっか、私、もう会社を辞めてるんだ……そう我に返ると、なぜか歩みにも力が入った。

誰ともすれ違わなかった。

歩きながら思ったのは、あの賞のこと。もしも私があの会社で体験したことを書くとしたら、どんな物語にしたらおもしろいのだろう。

仕事を題材にした作品はたくさんあるが、そういえば保険会社がモチーフの物語はありそうで、ない。

好奇心をガソリンに、深く深く頭が動き出した。頭の中でポンポンと物語と……気が早いキャスティングが始まる。

主人公をやる俳優さんは？　『あまちゃん』の主人公を演じたのんちゃんみたいなほんわりした子。（当時、能年玲奈）僭越ながら私がモデルだ。

妄想スイッチ、オン。

のん演じる主人公は、ちょっと天然でドジでお人よしな性格のせいで、就活がうまくいかない。

会社説明会で、かわいいキャラクターに溢れたブースに惹きつけられる。そこは保険会社だった。なぜか内定が取れた主人公ちゃんが、ドジだけれど、泣いたり、奮闘する。

「マスター役には北川景子さん……オフィス長はどうしよう……あ！　有村さん役は、乃木坂46の……いや、同姓の有村架純……」

そんなふうに彼女のことを思い浮かべる。けれど真っ先に浮かんだのはかわいらしく華やかだった彼女ではなく、憔悴しきった姿で私を我に返らせる。

……物語？　バカじゃないの。『耳をすませば』の観すぎだよ、バカバカ。そんなことしていい立場じゃない。私は違反をして会社を辞めた身なんだ、会社の面々は私のことを恨んでいる。そんなことしていいわけがない。

私が辞めたあとのオフィスをたまに想像する。きっと、「三上さんが違反を起こして辞めた」とオフィス長が言ったとき、誰もが怒っただろう。そのせいでノルマにペナルティが課せられるのだから。もしそこに私がいたのならば、親戚、いとこ、乳飲み子までこぞって保険に加入させて詫びなければ許されない。だが、卑怯にも私はそこにいないのだ。

保険屋を題材にした物語、おもしろそうではあるけれど、現実的とはほど遠い。オフィスの入るビルを眺めながらぼんやりと思う。もし、私が会社に残された立場だったら……絶対許せない、頭に来る。とりあえず土下座しろと中指を立てたくなってしまう。

でも……。書いてみたいという好奇心は抑えようにも収まらない。どうしよう。ふいにルミさんの顔が浮かんだ。もしもルミさんだったら、「えー、過ぎたことは気にしない気にしない」なんて笑い飛ばしてくれる気がして、恋しくなった。

「あれま！　みかんちゃんじゃないの！」

頭の中で思い描いていた声が鼓膜に響いて飛び上がりつつ、声のほうを見る。そこにはまぎれもない本物のルミさんの姿があった。ヒラヒラと至近距離だというのに手を振って、にっこり微笑んでいる。

「お久しぶりーふ。今日はどしたの？　おうち、この辺りじゃないよね」

「えっと、あの、いろいろ、ごめんなさい！」

なんと言っていいかわからず、とにかく謝らなくてはいけないと、ヘドバンばりの勢いで思い切り頭を下げるものの、なぜか爆笑される。

「私、アポ終わったところだから、よかったらお茶でもしようよ」

「え、でも……あの、私のこと恨んでないですか」

「ん？　別に恨んでないよ」

「だって……」

「違反のこと？　ハハハ、恨んでも怒ってもないよ。ちょっぴり悲しかったけどね。あ、ねぇ、それよりどこのカフェにする？　私、今日珍しく契約取れたから、奮発してパフェでも食っちゃおうぜ」

どうして元職場の近くに来ようと思ったかはわからない。こうして誰かと会ってしまうリスクがあった。私がしたことは、もし元同僚と鉢合わせたら怒鳴られたって文句は言えない。だが、私は誰かに会えたことに心底ホッとしていた。謝ることもできないまま、逃げるみたいに会社を辞めた。本当は謝りたかった。謝ってペナルティがチャラになるわけではない。支社や本社に残る、○○オフィスの新人が事故を起こしたという事実が消えるわけでもない。それなのに謝りたいなんて。ただ自分が楽になりたいだけ、まるで、健全なマスターベーションだ。

ただ、一言謝っておかなくてはならないと思った。自分が楽になりたいから？　それもあるかもしれない。けれど、一言謝らないと償えない気がしたから。ルミさんに一言謝れただけで少し心が軽くなったものの、まだまだ謝るべき人がいる。

「いちごパフェにしよう、みかんちゃんは？」

「コーヒーで」

「ええ？　若いんだから食べればいいのに、パフェ」

創業何十年のレトロな喫茶店。底抜けに明るいルミさんは、さっきは笑い飛ばしてくれたけれど、それでもやはり私のことを恨んでいるんじゃないか。これからどれだけ迷惑かけたかを語られるのではないか。保険屋の物語を書くことはおもしろいと思ったけれど、どう考えても自分にはそんな資格なんてない。顔を落として、少し身構える。

ルミさんはいつまで待っても、私を罵倒しなかった。

「保険の仕事って離職率高いじゃん？　もうね、たった1年で結構いなくなっちゃったよ。里美さん……近江さん……戸田っち……あ、湯島さんはね、辞めて自分のお店やってる。ネイリストの資格持ってるって言ってたじゃん？　田中ちゃんは寿でー」

「あ、そうなんですか……」

「それと人事異動があって、オフィス長は異動になっちっちゃったんだ。まぁ、あれだけ業績落としていたら仕方ないいんだけどさ。今は埼玉のオフィスから新しい人が来てるよ。マスターは相変わらずかな」

「あ、あの」

マゾヒストのように罵倒を待っていた私は、いつになっても来ない罵倒を伺いに、恐る恐るルミさんの目を見た。パッチリとした目と、私の目が合う。すると、自然にニコッと優しく微笑まれた。その一瞬で、私の視界は潤んだ。

「え、どうした、どうした、おなかでも痛い？」

「……だってルミさん、私に優しくしてくれるから」

「ええ、だってみかんちゃんのこと嫌いじゃないし、好きだし」

「違反をしたのに……」

「それは……それはさぁ。……うーん、仕方ないって言い方は変かもしれないけど、まぁ仕方ないなとも思ったよ。おばちゃんの私たちはだいぶ図々しくなって、面の皮が厚くなってるからちょっとやそっとじゃ傷つきゃしないけど。まだ傷つきやすい若い子にとってはしんどい仕事だろうなって。ほかの何人も働いていて、辞めていった子たちも見てきたし。恨むなんて思えないよ。どうしても。むしろ、守ってあげられなくてごめんね」

私は誰かに頼ったり、相談をしたりしないで突き進んできた。けれど、本当はこんなにも力になってくれる人がいたのだ。

辞めた日からずっと申し訳なさに焼かれていた。今、その温度は最高潮に達している。太陽よりも熱い。私を焼くには十分すぎる温度だ。

あの日、保険料を肩代わりしようと決めてオフィスを走りだした。もし、オフィス長やルミさん、マスター、リーダーに話せば、何か解決策を提示してくれたかもしれない。それなのに、自分一人で抱えて走りだしてしまった。あの日の私の手を引っ張って、止めたい。かなわない

けれど。でも……。

「本当にごめんなさい」

「だから、もう謝らなくてもいいって。オフィスのみんな、誰もみかんちゃんのこと恨んでないよ。確かにペナルティで苦しめられはしたけど、恨んではない。ただ……マスターはみかんちゃんが違反をして、誰にも何も言わずに辞めたことに泣いてはいたけど……」

泣いている姿なんて想像できない。マスターが……。

無性にオフィスに行きたくなった。働いていたころ、出社の途中、足が重くて自分の足が鉛になったのではないかと疑ったのに、しょっちゅう行きたくなくて泣きそうになっていたというのに、オフィスに行きたい。あの壁一面に貼られた営業成績や営業目標すらとても懐かしく、田舎から上京してきた人が故郷を思うであろう恋しさが生まれた。

「今日って、オフィスにマスターたちっていますか」

「ん？　うん。いるよ。支社会議じゃないから」

「私、オフィスに行ってもいいですか」

自然とそんなことを口走っていた。言葉を発して数秒して、自分は何を言っているんだと気がつく。私なんかが行っていいわけがない。そんなこと許されるはずがない。

「いいんじゃない」

ルミさんは、オッケーを指先で作りながらニカッと笑った。

「でも、もうさ、心臓に毛の生えたおばちゃんしか残ってないのよ。そのうち老人ホームみたいになりそう、オフィス」

「それは言いすぎじゃ……」

「あまりにも若い子が辞めちゃうからさ、最近ちょっとだけだけど、ノルマや職選の基準が緩くなったんだよ。本当にちょっとだけどね。あ、そういえば昨日イベントがあってさ、高級食パンプレゼントイベントしたんだよね。それ1つ余ってたからもらっていきなよ」

「そ、それはさすがに悪いです。だって私は……謝りに行きたいので……」

「いいじゃん！　タダなんだから！　もらっとけって。確かに許されないことをしたとは思うけど……誰も責めてないよ。ようし、善は急げだ。すみません、お会計」

「あ、私の分は私が」

慌てて鞄から財布を出すと、ヒラリとマサからもらった、あの賞のチラシが舞って、よりによってルミさんの前に着地した。

「ん？　なになに？」

と、それに目を落とされてしまう。

「これ？　出すの？」

「あ、いや……その……」

なんというかデジャブだった。社内アイデアコンテストのときもこんな感じだったっけ。あのときは賞金がってごまかしたけれど……私はルミさんに、こんな自分にも真正面からぶつかってくれる人に自分を偽りたくないなと思った。それにこのことも彼女に聞いてほしいと思い、マサからこのコンクールに出したらどうか？　保険屋が題材の物語でと、勧められていることを告げた。さすがにこれには罵倒が返ってくるだろうか。

「え！　おもしろい！　いいじゃん、いいじゃん。やっちゃえ！」

頬の頂きを赤くさせて、ルミさんは手を叩いた。

「でも……いくら物語とはいえ……違反を起こして辞めた私が書くなんて」

「いやいや、みかんちゃんだからこそだよ！　こんなに保険会社ってやばいんですー。しんどいですぅっていうのが伝わるじゃん。おもしろいよ。どんどん暴露しちゃいなって」

「ば、暴露って」

「私さ、まだ働いてはいるけど、この業界おかしいなぁってぶっちゃけ思うもん。変わってほしいって。でもさ、何十年もこんな感じでやってきているわけだから早々変わらなくない？　でもさ、書くことでなにか変わるかもしれないじゃん。そんなことできるのは、すごいよ」

内部告発をしようとしたときの気持ちを思い出した。あのとき、告発だなんて仰々しいことを言いながら、別に会社が憎いから、ぶっ壊してやりたいから動いたんじゃなかった。働いている人の境遇が少しでも良くなって、せめて夜に副業をしなくても健やかに働けるように、嫌われずに働けたらいいなという気持ちだった。内部告発には失敗した……けれど、もし物語を書いて、この仕事を知ってもらって、待遇が少しでも変わったら？　そう思うと、書きたいという気持ちが溢れて、溢れて、仕方がなかった。

才能はない、文章は下手だ。でも私、保険会社の物語を書きたい。

「よし、じゃあ行きますか」

喫茶店を出てオフィスへと向かう。

「あ、ねぇ、そういえばさぁ、有村ちゃんって覚えてる？」

「は、はいもちろん」

「実はさ、この前、会ったんだよ」

忘れるわけがない、その名前。どこで会ったのだろう？　元気にしているのだろうか？

「今、昭和山田生命でまた保険の仕事しているみたいでさ。職域で会ったの。無視されたけれどさぁ。結婚して苗字は変わってたけど、まちがいなく有村ちゃんだったよ」

ま、また保険屋に……？

あれだけ泣いて叫んでいたのに、案外、タフだ。驚きつつ、皆それぞれ歩き出しているのだと思った。

私も少し歩き出してもいいのかもしれない。

ルミさんと二人で歩きながら、帰りに文房具屋に行って400字詰めの原稿用紙を買おうと思った。

「そういえばさぁ、みかんちゃんは浮いた話ないの？　彼氏とかできてないの？」

ルミさんはいつもの調子で聞いてくる。今回は、不思議とイヤな感じがしなかった。以前までは、彼氏の有無を聞かれることがあれだけイヤだったのに。ちがう言語で話しかけられたときのような感覚はあれど、不快ではなかった。これは異性愛が当然の世界の国の言葉、私の暮らす世界の言葉ではないけれど、でも、翻訳の機械もたくさん売られているし、決してまったく通じない、わかり合えないわけではない。

「私、彼氏はできてないですが、彼女はできたんですよ」

流れるようにスムーズにそう返すと、

「えっ！　ワオ！　詳しく聞かせて！」

と、なんとも想像通りのリアクションをされた。やっぱりイヤではなかった。

「でも、なんかよかった。今のみかんちゃんのほうがずっと幸せそうだもん。今度紹介してよ。なんならいい保険入れてあげよっか」

　そう笑いながらルミさんと共にオフィスへの道のりを一歩一歩、あのころよりも少しだけ軽くなった足取りで、進み始めた。

あとがき

　本作の原稿が書きあがったころ、ちょうど私が今加入している保険会社から電話がかかってきた。私が募集事故を起こした元保険屋だとは知るよしもない。顔も名前も知らない彼女は、留守番電話で明るく声を弾ませ、1年に一度の定期点検をしたいと告げた。

　内情を知っている自分としては、「定期点検と称して新商品を勧めたいんだろうなぁ、おそらく年金保険あたり……」と思うと、アポを受けるのは気が進まない。

　〝生保レディ〟と呼ばれていたころ、あれだけ毎日、血眼になって電話をかけ、アポを取らなくてはともがいていたというのに、やめて約3年と少しが経った今、保険屋からの着信に少しげんなりしている自分を不思議に思う。

　けれど、保険屋だったころのことは、私にとっては遠い過去ではない。

　勤務していた時間は、人生という長い物差しから見ればとても短い時間といえるだろう。だが、その時間は、いまだに私の中に色濃く残っている。

　今だって、保険会社のCMはつい観てしまう。まだ職業病が抜けていないのだ。働いていたころ、毎月のカレンダーにある〆切の日付けを焦りながら見つめる私にとって、「保険」はとにかく売りまくらねばならない、目には見えないけれど重くのしかかる恐ろしい商品だった。そう、たとえるならば、水没しそうなボートに入ってくる水である。それを外に出さないと死んでしまうから、必死に水を掻き出すようなスタンスで、保険商品のことを考えざるを得なかった。

　生保レディの肩書きをおろして、ノルマというフィルターなしで向かい合ってみると、身近に怪我で入院したりする人の存在に、「保険」の大切さを痛感した。また、家庭を持つような友だちも現れ始め、「みかんって、前は保健屋さんだったよね？　この保険とこの保険どっちがいい？」なんて聞かれることも増えてきた。

　不思議なことに、もう「生命保険募集人」の資格なんてないのに、生保レディ現役のころよりも、なんのノルマも募集手当もない今のほうが、うまく保険の説明ができている私がいる。辞めてからようやく、「保険」というものがわかったみたいだった。

　これを読んでいる方は、「保険屋うざい」「しつこい」と邪見にせずに、適度な距離感で親しくしておいても損はない。

「保険料が安くて大きな保障を持てるので、〝先進医療特約〟はつけておくのをお勧めしますよ！」……と、言うといけない、営業がまた始まってしまいそうだ。

　本作が大賞を受賞してから、「保険屋が嫌いですよね？」とよく聞かれる。『気がつけば生保レディで地獄みた。』というおどろおどろしいタイトルだから、そう思われてもいた仕方ない。だが、私は別に生保業界に喧嘩を売ろうと思って執筆に着手したわけではない。

　つまり、「嫌いですか？」の答えは「ノー」である。

　保険の仕事でボロボロに心は擦り減ったけれど、決して「嫌い」という安っぽい言葉ではまとめられない。かといって、もちろん「好き」とも言い難い。

　そんな私が綴った本作は、「告発」や「暴露」といったことを目的とはしていない。「果たし状」か「恋文」のどちらかと言われれば、「恋文」のほうがしっくりくる。生命保険会社の社員証をぶら下げ、10キロ近い荷物を片手に、すり減ったヒールでよろめきながら駆け回っていた自分への、今も生保レディのみならず、ありとあらゆる仕事で戦っている人たちへの、そして、もちろん、嫌いでも好きでもないけれど、特別な感情を抱いている生命保険業界への……。

　私は、「気がつけば〇〇ノンフィクション賞」の最初の受賞者だ。

　今の私には夢がある。

「第二回」「第三回」とこの賞が続き、「この賞って、あの忍足みかんが受賞した賞だよね」と言われ、声なき声を世間に訴えかけるひとつの手段となり得ることだ。「あの」に含まれるものがどんな意味合いかはわからない。未知数だ。

　だが、前作『#スマホの奴隷をやめたくて』を出版した際は、拙作に導かれてメディアの取材や講演会など、著書が様々な世界を見せてくれた。

　４００字詰めの原稿用紙にボールペンで心の中を吐き出した、『気がつけば生保レディで地獄みた。』は、はたしてどんな世界を見せてくれるのだろうか……。

　願わくば、本書が世間へ「一石を投じる」石となってほしい。

　その石の大きさは、投げている本人の私にもはっきりとはわからない。きっとこの本が刊行されて、その反響という手ごたえを感じたときに、石が「小石」だったのか、「岩」ほどの大きさなのかわかるだろう。「砂利」ではないことを祈るばかりだ。

　最後に、本書の出版に携わっていただいたすべての方々、本書を手に取っていただいた読者の皆さま、そして、私の人生で少しでも私と関わった方々へ、この「ご縁」に、心からの感謝を込めて……。

忍足みかん

編集後記

「『生保レディ』なんて呼ばれ方をしている限り、私たちはいつまでたっても性別のフィルターを外した一人の人間として見てもらえないかもしれない」

看護婦が看護師に、スチュワーデスがキャビンアテンダントに変わってきた背景がありつつも、生保レディはいまだに生保レディが一般的だ。世間のコンプライアンス的には本書タイトルを「保険外交員」とするという案もあったが、本書を最後までお読みの方であれば、あえての〝生保レディ〟だということが理解していただけたと思う。

もうひとつの主題であった「LGBTQ+」な時代にもかかわらず、今も生保レディたちは女性であることを強要されている。そして、LGBTQ+フレンドリー企業とは名ばかりに、生命保険という商品でさえ、〝男女〟の性差でしか扱われていない。

お客様からは連日のように罵詈雑言やセクハラ発言を浴びせられ、上司や会社からの契約を取ってこいという圧がハンパない。毎月のノルマに追い詰められ、数少ない友人たちも失っていく。

これを〝地獄〟と言わずして何と言おう。

【趣味・プロレスを観ること。特技・ドラム演奏】

主人公が最初に入力した一言PRだが、そんな趣味を楽しむ様子が、本書では一切描かれていない。それどころか、プライベートなシーンは、バー「QKJ」でやけ酒を喰らうときのみである。そう、つまり、著者は、「私生活を描かなかったのではなく、私生活はなかった」のだと考察することができる。

それは生保レディを辞めてからも続き、血反吐《ちへど》をはく思いでこの物語を書き上げたのだろう。思い出したくもないことも多々あったはずだ。

それでも書かなければならない、書かなければ本当の意味での「辞める」には到達できない、そんな強烈な〝念〟が、文中に宿っている。

本書は、〝みかんちゃん〟から保険業界へのラストラブレター（という名の最後通牒？）だと思っている。この長い長い恋文を世に送り出すことで、少しでも業界、いや、せめて彼女たちを取り巻く人たちの意識だけでも変えるきっかけとなり得るならば、出版冥利に尽きる。

あれ？　そういえば、自分の生命保険って、どういう契約になってるんだっけ？

（伊勢）

忍足みかん（おしだり・みかん）

1994年生まれ、東京都出身。中学校から大学まで女子校。2017年から約2年半、都内にある大手生命保険会社に勤務。2019年『#スマホの奴隷をやめたくて』（文芸社）でデビュー。以降、テレビや新聞などのメディアに多数取り上げられる。LGBTQ+（パンセクシャル）の当事者であることから、“多様性”に重きを置き、活動中。趣味はプロレス観戦と、『3年B組金八先生』を観ること。

制作……株式会社伊勢出版　堀田孝之
ブックデザイン……河村誠
イラスト……なかむらるみ
校正……生井純子
編集……伊勢新九朗　町田貢輝
協力……新井英樹　加藤正人　本橋信宏
（気がつけば〇〇ノンフィクション賞最終審査員）
スペシャルサンクス……中村京子
そして、『気がつけば〇〇ノンフィクション賞』にご応募いただいた165名の皆さまに、この場をお借りして感謝の気持ちをお伝えさせていただきます。ありがとうございました。

気がつけば生保レディで地獄みた。
もしくは性的マイノリティの極私的物語
2023年5月10日　第1刷発行

著者……忍足みかん
発行人……伊勢新九朗
発行所……古書みつけ
〒111-0052
東京都台東区柳橋1-6-10　1階
電話（03）5846-9193
https://kosho-mitsuke.com/
発売元……日販アイ・ピー・エス株式会社
〒113-0034
東京都文京区湯島1-3-4
電話（03）5802-1859　FAX（03）5802-1891
印刷・製本……三共グラフィック株式会社

落丁・乱丁本は、送料負担にてお取り替えいたします。
本書の一部または全部を無断で転載、掲載、複写、放映、デジタル化することなどは著作権の侵害となり、禁じております。
© Mikan Oshidari・kosyo mitsuke　2023　Printed in JAPAN
ISBN978-4-9912997-1-1　C0095

内容についてのお問い合わせ……isepub@ise-book.biz

原稿大募集

受賞作は作家デビュー！

※自費出版でないので、お金は一切必要ありません。
むしろ、印税が支払われます。

第2回「気がつけば○○ノンフィクション賞」公募開始

※注：「古書みつけノンフィクション賞」は、今後、「気がつけば○○ノンフィクション賞」として改めさせていただきます。

作家になれる。

おかげさまで第1回目は
166もの応募作品がありました。
1回目に最終選考まで残った作品を含め
練り上げれば書籍化が可能な作品は多々ありました。
私たちは、再び未知との遭遇を求めて
第1回受賞作の出版と同時に第2回目の公募を開始いたします。
あなたの人生、綴りませんか？

【応募要項】

プロ、アマ、まったく問わず！

（※第１回「気がつけば○○ノンフィクション賞」の様子については
「古書みつけ 浅草橋」のホームページよりご確認ください。）

応募作品タイトル
『気がつけば○○。』

原稿締め切り
2023 年 12 月 31 日（日）

受賞作発表
2024 年 3 月 29 日（金）予定（受賞者にのみ事前にご連絡をいたします。）

応募方法
「isepub@ise-book.biz」宛に下記の内容をお送りください。

- ●応募作品は未発表の作品に限ります（同人雑誌、ネット上で発表した作品、ほかの新人賞に応募した作品は対象外とする）。
- ●作者自身が経験した実話に限ります。文章のスタイルは物語でもエッセイでも構いません。
- ●文字数は 400 字詰原稿用紙換算で、200 枚から 300 枚程度に。
- ●原稿は A4 判、縦書き、1 行 30 字× 40 行程度に。
- ●原稿の 1 枚目に、本名、筆名、生年月日、メールアドレス、職業、略歴を記載。

※注：応募原稿の返却はいたしませんので、
ご了承ください。

[企画]
古書みつけ／東京都台東区柳橋 1-6-10　1 階

[問い合わせ]
TEL 03-5846-9193　**MAIL** isepub@ise-book.biz

古書みつけ 浅草橋

古書みつけ宣言

絶望に効く生き方

声なき声に耳を澄ませば……

古書みつけは、可視化されにくい“**声なき声**”を発信する手段として、出版事業を開始いたします。

日々押し寄せる**同調圧力**の波、横行する各種**ハラスメント**、広がり続ける**格差社会**、生きづらさを感じることが多い現代には、至るところに“**絶望**”が転がっています。助けを求めようにも、声を発すること自体にハードルの高さを感じてしまいがちです。

ソーシャルメディアの流行が、そんな弱者の声を「**#MeToo**」へと進化させ、弱き立場の人たちを救うことに成功する例も出てきてはいますが、一方で、地球規模でのデジタル化が、人間関係における様々な弊害を生み出していることも事実です。

「**日ごろ、光の当たらない職業人や、弱者の声なき声に耳を傾けたい**」。

その想いを結実させるために、私たちは「**本**」を選びました。

「**一冊の本が人生を変える**」と言われるように、本には、**魔法**のような力があると信じています。

仕事や生活で苦しい経験をしたことがある、一般に知られていない職に就いたことがある、自分だからこそ得られた知見・体験を伝えたい、無名の著者が描く“**人生の舞台裏**”は、多くのサイレント・マジョリティの共感を呼び、“**どこかの誰かの何か**”を変えるきっかけにつながると信じ、シリーズ創刊を決めました。

古書みつけの目的は、著者と同じように虐げられる人たちに、自分の叫びを聞いてもらいたい人たちに、目の前の現実に“**絶望**”する人たちに、前を向いて歩いていくための“**希望**”を届けることです。未知との遭遇を楽しむだけでなく、自らを奮い立たせるための“**サプリ**”にもなり得る“**知のかたち**”を、シリーズとしてまとめていきたいと思います。

偉大な脚本家・新藤兼人は言いました。

「**誰でも脚本家になれる。それは自分のことを書けばいい。誰よりリアリティーがある作品、傑作が書ける。**」

静かなる大衆がおくる“**絶望に効く生き方**”、傑作の人生（本）を紡ぎます。

2023年4月

古書みつけ代表　伊勢 新九朗